a casa inventada

Lya Luft
a casa inventada

1ª edição

EDITORA RECORD
RIO DE JANEIRO • SÃO PAULO
2017

CIP-BRASIL. CATALOGAÇÃO NA PUBLICAÇÃO
SINDICATO NACIONAL DOS EDITORES DE LIVROS, RJ

L975c Luft, Lya
A casa inventada / Lya Luft. – 1ª ed. – Rio de Janeiro: Record, 2017.

ISBN: 978-85-01-11205-7

1. Literatura brasileira – narrativa de não ficção. I. Título.

17-43971

CDD: 869.3
CDU: 821.134.3(81)-3

Copyright © Lya Luft, 2017

Todos os direitos reservados. Proibida a reprodução, armazenamento ou transmissão de partes deste livro, através de quaisquer meios, sem prévia autorização por escrito.

Texto revisado segundo o novo Acordo Ortográfico da Língua Portuguesa.

Direitos exclusivos desta edição reservados pela
EDITORA RECORD LTDA.
Rua Argentina, 171 – Rio de Janeiro, RJ – 20921-380 – Tel.: (21) 2585-2000.

Impresso no Brasil

ISBN: 978-85-01-11205-7

Seja um leitor preferencial Record.
Cadastre-se em www.record.com.br e receba informações sobre nossos lançamentos e nossas promoções.

Atendimento e venda direta ao leitor:
mdireto@record.com.br ou (21) 2585-2002.

*À memória de minha mãe, Wally,
sua alegria e as rosas do seu jardim.*

*À memória de meu pai, Arthur,
que sem saber me ensinou quase tudo.*

*Às alegrias que me dão meus filhos
Susana, André e Eduardo
e suas famílias.*

(Sempre escrevo para você, Vicente.)

Desatino

A vida, como a ficção,
é um teatro de desatino.
Meus personagens:
amantes, suicidas, sonhadores,
seres rastejantes, criaturas aladas,
simples humanos,
— crianças e seus segredos.
O bem, o mal, o riso, o esgar,
a procurada morte,
a sorte,
a sombra.
(Na beira do palco, como estrelas,
penduro palavras: esse
é o meu destino.)

"A vida são escolhas" é um clichê, talvez ilusão. Acredito nisso, mas também acredito que apenas em parte somos responsáveis: não há só fatalidade e traição.

Este livro fala do ser humano muito além de mim, essa criatura que sonha, luta, sente medo, e mesmo assim vai até a última hora, o último suspiro e último degrau da misteriosa escada, frágil, mas essencial, encostada num velho muro, no fundo do jardim da casa que inventamos e que nos inventa.

Lá tudo é descoberta momentânea e eterno enigma.

Nessa aventura imprevisível, feliz e torta, aqui e ali paramos para refletir: por quê? Como? Quem? Com quem? Até quando — e por que não para sempre?

Nunca saberemos.

Pois nesse trabalho de viver não somos arquitetos, nem pedreiros: somos amadores.

•

Aqui não faço autobiografia, nem falo só em terceira pessoa: lembranças, incertezas, coisas que flutuam como destroços num mar revolvido pelas correntes da ficção.

Ora escrevo como eu, ora como uma criatura que me espia nos espelhos, e que aqui chamarei Pandora. Mais tarde direi como ela me chama.

Às vezes eu sou ela, outras vezes ela sou eu. Ao leitor, não importa: o bom da vida são os desafios, o não entendido, e por favor — como já escrevi há muitos anos — não queiram me prender no alfinete da interpretação.

Em geral, palavras são só... palavras. Nem quem as escolheu sabe tudo o que significam. Palavras têm franjas além dos contornos: por isso são tão sedutoras.

"A vida seria muito mais divertida se dois mais dois pudesse não ser quatro", eu disse ainda criança ao bondoso professor de matemática que anos a fio tentou me ensinar alguma coisa. Mas eu não queria nada exato: queria vagar sonhando, desaparecer nos livros, brincar nos espelhos.

Lya Luft, O Bosque, Gramado, 2017

Roteiro

1 | *A porta de espiar*   11

2 | *O espelho de Pandora*   21

3 | *A sala da família (e o biombo do silêncio)*   39

4 | *O quarto das crianças*   57

5 | *O porão das aflições*   71

6 | *O pátio cotidiano*   87

7 | *O jardim dos deuses*   97

1 | *A porta de espiar*

A vida precisa de uma porta
para espiar o que há dentro:
um corredor, o espelho e suas criaturas,
a sala da família
e um claro quarto de criança;
um porão de aflições que soluçam à noite
(mas dizemos: é o vento);
o pátio, simples, e o pequeno jardim
com três árvores esguias
que afinal são um bosque.

Num resto de muro, a escada de madeira
parece não levar a nada.
(Pousado no último degrau,
um pássaro de sombra nos observa:
seu bico é curvo e afiado.)

Uma casa se projeta com ciência e fantasia; e se constrói sobre um fundamento que deve ser firme. Uma boa casa, que durasse anos ou eternidades. Que perdurasse na memória até depois de desabar. Até se fechar a pálpebra da vida — e tudo ficar tranquilo. Os alicerces vêm de nós: construímos com nossa carne e pensamento cotidiano. Êxtases ou tragédias são tijolos frágeis, cuidado.

Pois essa é a casa da vida: sangue, lágrimas, risadas, esperanças, punhais enterrados no peito, tiros nas costas, carícias maternas ou sensuais, "lucidez sem perder a alegria", me dizia alguém. Será possível construir uma casa, a casa da vida, esfolando joelhos, rebentando as mãos, desmontando e remontando cabeça e coração — e não sucumbir?

Deve ser possível, porque todos fazemos isso. Com sorte superamos as fatalidades: o solo arenoso, o terremoto, o raio, a inundação, a enorme pedra no caminho, as falhas dos operários, nossos próprios erros e desesperos, e pequenas glórias.

Se a casa se completar, a vida terá vencido, ainda que a gente só perceba isso no último instante, pois nunca sabemos se está terminada. Se desmoronar, teremos falhado também: mas, como ninguém conhece os prazos de validade ou de esperança, tudo é muito secreto. Melhor para nós, amadores.

No fim, todos sucumbimos.

•

A porta da frente, na casa, nos atrai como alguém chamando vem, vem, vem. Curiosidade: o que haverá — depois do portãozinho, do jardim da frente, dos degraus — atrás daquela porta, quem sabe entreaberta mesmo em tempos inseguros e violentos: quem a esqueceu assim? Quem a abriu e vai sair agora? Ou está entreaberta para receber minhas ansiedades? Mas, se eu a criei, como posso não saber?

Invento a secreta casa da vida que vai começar a se formar diante de mim com seus aposentos, corredores, pátio, jardim, porões. Ah, e as janelas com venezianas abrindo... para que estranhos lugares?

Como nos contos de fadas que me alimentaram em pequena: beleza e crueldade, o belo sinistro, a vida. Uma casa é uma casa, mas pode ser um labirinto, porque a gente anda em círculos, procurando a saída, que saída, onde, quando, como?

À noite, vendo as luzes da cidade, nunca deixo de imaginar aquelas vidas. O que fazem, dizem, pensam, saboreiam ou sofrem? Quanto deliram, quanto desistem?

Uma casa se oferece diante de nós como a alma de alguém: o poeta Rilke, na minha cabeceira, diz:

"A alma do outro é uma floresta escura."

•

Depois dos degraus, poucos, de pedra, empurro a porta, pesada e escura, e o cheiro de humanidade bate em meu rosto. Hálito de amores, de terrores, descabelados segredos que habitam todas as casas de todas as gentes, com clarões de ternura e riso.

Invento o que se descortina atrás dessa primeira porta: eu quero assim, eu faço assim, assim eu invento uma casa com tudo o que tem dentro. E tudo o que ficou, irremediavelmente, de fora, ou que expulsamos sem querer — ou pior: sem saber.

(Porque a maior parte das coisas a gente não sabe.)

A vida com todas as nossas falhas porque somos apenas humanos. Não somos bons nem maus: somos tristes, escrevi certa vez, onde foi que não recordo? Palavras demais, páginas demais, sentimentos demais.

Nem todos os mal-entendidos, mágoas e brigas, se dão porque somos maus, mas porque até à morte nos conheceremos pouco — somos insuficientes. O que sei eu das doenças ocultas em quartos abafados, passos rápidos, vozes sussurradas, odor de remédio ou urina? Ou do inquietante sexo?

Que sei eu do inesperado, diferente olhar do outro quando por algum motivo ele descobre em mim alguém que não conhecia... que talvez nem eu perceba?

E esse odor de sofrimento, o rumorejar das vestes da Senhora Morte quando ronda?

Quem entra e talvez não volte nunca mais — porque no jardinzinho bem nos fundos encontrou aquela escada?

Eu, junto com quem me lê agora, estou fazendo isso, como fazemos todos os dias da nossa existência — entrando em nós mesmos com curiosidade, ansiedade, receio, ou procurando calma. Ou desviando disso que de verdade somos ou duvidamos, e raramente paramos para interrogar: o que vai surgir se eu remover essa máscara que ponho cada dia para que me amem, ou me suportem, e para que eu mesma me reconheça?

Essa outra pode ser minha melhor amiga ou pior inimiga. Ou apenas um reflexo no espelho, que minha imaginação transforma em personagem — e com sua cabeleira perfumada e riso de água entre pedrinhas me transtorna um pouco.

●

Mesmo andando no corredor, espiando nos quartos, farejando os porões, invadindo o território de seus moradores, pouco sei deles, eu que os invento. Pouco sabemos uns dos outros, mesmo daqueles que criamos — e isso muito me intrigou. Embora a gente se iluda — "ela me conta tudo, eu adivinho tudo dele, não temos segredos um para o outro..." —, pais e filhos, irmãos, amigos e amantes podem conviver décadas a fio, podem ter uma relação intensa, podem se divertir juntos e sofrer juntos, ter gostos parecidos ou complementares, ser interessantes uns para os outros, superar grandes conflitos — mas persiste o lado avesso, o atrás da porta, o que sussurra, chora ou rosna no escuro, que nunca se expõe nem se dissipa.

(E que eu não consigo tocar, embora possa até aspirar o seu odor selvagem quando mal ponho nas tábuas do assoalho o meu primeiro passo: isso a que chamamos vida.)

●

A cada momento eu construo, invento e invado, assalto sem armas e sem coragem: apenas, porque preciso e devo. Esta parece simplesmente uma casa. Normal. Pequeno vestíbulo, corredor comprido com várias portas, a mais larga desaguando na sala. O resto, a gente descobre depois. Há um porão, isso eu sei, pois sinto nas solas de meus pés o que lá embaixo respira.

Não há sótão nesta casa: ou ninguém precisa subir até lá para sonhar, abrir a janelinha de madrugada, sondar as nuvens, as estrelas, e cantar baixinho a história da sua alma.

Então, uma casa sem sótão. Porque o porão já basta.

(Contudo, ainda penso em inventar um sótão. Nenhuma casa concreta onde morei tinha um, e isso sempre me deu certa nostalgia. Alguém, quando comentei isso, me disse: "Você carrega consigo o seu sótão, cheio de macaquinhos...")

•

Boto um pé nas tábuas do corredor, caminho, nada range. Tudo sólido, em outros tempos as coisas eram sólidas e eu invento uma casa meio antiga, como as que conheci em criança. Nunca me despedi delas: continuam em mim. No fim do corredor, um espelho de alto a baixo, assim como eu gosto, como eu coloco em todos os lugares onde morei ou sobre os quais, inventando, eu escrevi.

Espelhos sempre me seduziram: eles têm uma vida própria feita da vida de todos os que um dia ali se refletiram. Lá me aguarda Pandora, a que me viu e me chama, com olhos sem cor e cabeleira feito um longo capim perfumado.

À noite, quando tudo silencia e todos dormem ou fingem dormir, vultos tênues despertam de seu sono de espelho e se movem, se abraçam, se amam, se fundem, sentam no chão de espelho e olham em frente, atônitas bocas abertas. Parecem um pouco peixes num aquário, embaixo d'água, vagamente desfocados.

E se perguntam, baixinho:

a casa inventada

— O que estamos fazendo ainda aqui? Por que não nos dão licença de enfim terminar de morrer? Ninguém nunca vai cortar esse fio que nega a absoluta liberdade?

— Pandora, você tem família?

— Tenho. São essas criaturas iguais a mim, que vocês chamam de reflexos.

Decido não perguntar mais.

2 | *O espelho de Pandora*

*Não sou apenas eu
no espelho.
A pessoa lá dentro me contempla
como eu a ela.
Às vezes sorri quando sorrio
— mas pode
se virar sem que eu me vire,
acenar se fico imóvel,
saltar para o lado de cá e andar comigo.
(Meu passo deixa um duplo rastro no chão.)*

*Sou ela ou serei eu?
Se eu mergulhar daqui, e do seu lado, ela,
vão se fundir os nossos sopros,
todos os meus sonhos e os anseios dela.
Minha amiga, minha alma, parte de mim, irmã
que inventei e desenho
como ela faz comigo:
eu a chamei
Pandora.*

Lendo mitologia grega para crianças, aprendi que Pandora foi criada por ordem do maior deus do Olimpo, e foi entregue a um futuro marido levando uma caixinha, ou ânfora, que não podia destapar. Ordem expressa e severa. Mas ela não resistiu à tentação, entreabriu a tampa, e dela saltaram, segundo a lenda, os males do mundo.

(Desde sempre fomos consideradas responsáveis por todas as humanas trapalhadas.)

A minha Pandora, esse meu reflexo ou duplo, não carrega ânfora alguma: é ela mesma uma caixinha de surpresa, de loucuras, de contradições, desejos, euforias, alegria e sombra também. Traz consigo tudo o que eu sinto, sofro e curto. Talvez ela seja o meu exagero. Ou minha liberdade.

Que medo, esse, de rasgar o peito e espiar lá dentro, como se fosse uma casa amaldiçoada, perigosa: sabe lá o que vou encontrar, o que de verdade quero, amo, odeio, engano, que traições e perfídias gostaria de cometer ou cometi? Perigoso demais abrir essa tampa.

E se ali de dentro saltar essa vontade de ser feliz? É mesmo permitida, ou uma culpa ancestral e louca nos refreia, onde se viu, cantar e dançar sozinha às quatro da tarde quando há tantas tarefas a cumprir?

A mãe nem batia na porta, abria num ímpeto:

a casa inventada

— Está estudando, fazendo tema de casa, ou se olhando no espelho e sonhando?

E sempre culpada, eu, a ré, me encolhia. Eu escolhia ser assim, pois minha mãe era uma boa mãe, enérgica e prática, em geral alegre. Cantava sozinha, com uma voz doce. A censura, não importa em que forma ou frase, corre junto de nossos calcanhares e rói o coração. Mas a gente tenta, espia, espreita, corre varando ondas, distâncias e perfídias.

Ninguém sabe o que vamos encontrar a cada dia.

(Esqueci de dizer que na caixa de Pandora ficou apenas a que foi chamada: a pálida esperança.)

•

Então chego neste corredor onde me espera a Pandora que invadiu a minha meninice, agora mulher como eu me tornei. No extremo do corredor, instalo num gesto breve, num traço único, um espelho de alto a baixo, como em todas as casas onde moro: assim me sinto acompanhada, mas para os outros comento que dá sensação de mais espaço.

Não preciso de nenhum esforço para que ela apareça, enigmática e imperiosa desde quando éramos meninas. Aquele é seu reino. Pandora me domina, me comanda, eu não me rebelo — ou muito raramente.

Quando criança me chamavam rebelde: coisas bobas e infantis, mas eu levava castigo. Na escola, parar no canto, rosto contra a parede, ou ficar no corredor — porque ria fora de hora ou não prestava atenção em nada. Em casa, ficava fechada no quarto sem poder brincar, mas me consolava com meus livros e meus amigos imaginários, pequenos, vestidos de verde, sentados no peitoril. E, quando botaram aquele espelho sobre minha mesa de estudar, passei a ter sempre uma presença.

•

Gostava de me examinar no espelho: nariz, boca, algumas sardas e os olhos, que, diziam, eram minha única qualidade. "Ali se salvam mesmo os olhos", comentavam com ar crítico, eu fingia não ouvir.

Tentava decifrar a cor das pupilas: azul, cinza, verde, mudando conforme a roupa. A íris aumentando e diminuindo, como uma coisa viva. Era uma coisa viva. Tudo em mim estava vivo.

Eu era a minha própria companhia.

•

Num desses dias, entretida em me analisar, o coração disparou, saiu de controle, tive de tossir para conseguir respirar direito: aqueles olhos, os meus olhos, me encaravam. Me examinavam, devolviam a minha mirada.

Parecia independente de mim essa que fingia ser meu reflexo. Ela vive? Existe?

Fugi dali, tentei me acalmar, fui ler no terraço, fui pular corda no pátio, fui correr com meu cachorrinho, mas não resisti: voltei ao quarto. Não existia isso de espelho enfeitiçado, tudo devia estar normal agora.

Nada era normal: a outra menina continuava ali. Ficava séria quando eu sorria, depois fingia me imitar perfeitamente, como antes. Se eu me afastava, ela continuava no mesmo lugar, e se me virava ela continuava ali, fazendo careta. Botava a língua, e cheguei a ouvir seu risinho de água de riacho.

a casa inventada

Era uma pessoa, como eu, e viva.

Medo, encanto, curiosidade me seduziam. Se minha mãe entrasse no quarto, a outra se comportava como minha perfeita imitadora. Ninguém nunca desconfiou.

•

Todos somos muitos, disse o diabo quando possuía um homem, ou falava de dentro de um porco? Eu então passei a ser duas.

Num livrinho que não existe mais, inventei Medésima e Altéria, irmãs, uma a real, outra a do espelho, que dele sai para invadir a casa, o quarto, o mundo, a alma de sua irmã... divertindo-se enquanto Medésima se encolhia. Medésima lia um livro sério, ou de olhos fechados pensava lá suas tristezas, Altéria aparecia no braço da poltrona, pintando as unhas dos pés de um vermelho escandaloso.

Inventei as duas pensando nessa do espelho, de quem nunca tinha dito a ninguém, mal a admitia para mim mesma. No começo tentei me convencer de que era tudo fruto da minha fantasia exagerada.

"Essa menina tem imaginação demais", minha mãe e minhas tias se queixavam.

Como minha invenção é livre, eu a aceitei, ou a inventei, Pandora, a batizei, reinventei, reconvoquei, e agora sai do espelho no fim do corredor e vem em minha direção como tantas vezes.

•

Eu moro no meu corpo, no meu espaço. No meu contorno. Essa que chamei Pandora foi cada vez mais se atrevendo: voava pelo quarto, me abraçava, me beijava, me beliscava, ria de mim, puxava meus cabelos e dava risadas que saíam pela janela e se espalhavam na noite como conchas marinhas que se entrechocam. Eu morria de medo de que meus pais a ouvissem, mas ela garantia que só eu a podia ver, ouvir e tocar.

Tocar em Pandora era quase como tocar algodão-doce. Me dava arrepios.

Ela, parada ao meu lado, me fazia olhar o espelho: lá estavam claramente duas meninas iguais. Só que eu, eu mesma, sempre pareço apagada. Pandora não existe como eu: ela cintila.

Virou minha amiga imaginária? Eu falava com ela, que respondia, ou ria, me escutava, atenta, aqueles olhos transparentes. Parecia alternadamente sentir pena de mim, ou achar graça no que eu dizia, fazia, no que eu era.

De vez em quando minha mãe chamava lá do corredor onde sempre andava com seu passo enérgico, cuidando das coisas da nossa casa:

— Falando sozinha de novo, menina? Vai acabar maluca. Sai da frente desse espelho. Sai do quarto, vai tomar sol lá fora.

— Não posso agora, mãe, estou decorando minha matéria de história. De geografia. E tenho de decorar a tabuada.

— Acho bom. Você nunca aprendeu direito a tabuada.

A tabuada me salvava.

•

Quem é Pandora na minha vida? A falsa boa menina do quarto, e a outra, que quer ser livre, correr na chuva, pular em pé na cama, ficar acordada até tarde da noite, fazer coisas sem pedir licença, comer as mesmas coisas que os adultos, usar perfumes como minha mãe e suas amigas, e fumar enquanto jogavam

cartas e riam, falavam alto, bebiam champanhe, nada de chá...
e eu, criança, ficava de lado, também ficava de fora.

Então eu sou a que canta, a que resmunga e se lamenta. A que olha de frente, e a que apenas espreita. A que usa, a que abusa, a que cria e a que mata.

Quase todo mundo tem medo de parar para pensar, porque é como se examinar num espelho: nunca se sabe o que vai aparecer. Pensar não é confortável. Espelhos também são inquietantes. Nada é banal: a gente é que não sabe. Ou finge, para suportar.

•

Indaguei de minha mãe:

— O que se mexe dentro dos espelhos, mesmo quando não tem ninguém se refletindo neles?

— Não tem nada, menina, não venha de novo com essas coisas da sua cabeça! Pega um livro e vai ler no sol. — Ela era obcecada pelo sol, que trazia saúde.

Eu era uma fonte de incansáveis perguntas. Ela pedia: pelo amor de Deus, para de falar, para de perguntar, estou bem tonta. Vai falar com seu pai.

Eu ia.

Ele tinha uma infinita paciência e achava um pouco de graça.

— São suas fantasias, filha. Não se preocupe com elas.

— Mas, pai, parecem pessoas, são umas coisas...

Ele voltou a ler seu jornal.

Outro dia respondeu quando perguntei:

— Pai, bruxa existe? Duende, fada, existe?

— Para quem acredita, existe, minha filha.

— O que são essas coisas que ficam se mexendo dentro da minha cabeça?

Isso perguntei num almoço de família. Todo mundo se calou, ficaram me olhando, lá vem ela de novo.

Ele sorriu. Sempre parecia interessado nas minhas manias.

— São teus pensamentos, são as palavras. Todo mundo tem isso, todo mundo pensa.

Ele resolvia as coisas com muita simplicidade.

Meu pai era o meu deus.

(Mas, quando um dia eu iria comentar que no sítio dos amigos tinha um palhaço malvado dentro do espelho, ele apenas morderia os lábios, sem dizer nada.)

•

Nesta casa que mal comecei a criar, de repente sou tomada de ansiedade. Não quero construir mais nada, nenhuma parede, porta, janela, aposento, nada. Quero só poder me deitar no assoalho, rastejar até o espelho. No chão, de quatro, estou condenada à realidade: Pandora, quando se aborrece ou se assusta, foge como um sopro levíssimo e breve. Eu queria me congelar no espelho, deixar de ficar ansiosa, de me preocupar, de respirar. De ter de escolher.

Aprendi com ela a mergulhar no seu espaço de vidro, mas tenho medo de não conseguir sair, então faço isso muito raramente.

— Como você é neurótica — ela diz. — Já falei que você vai poder sair, como entrou. É só querer de verdade. Basta acreditar.

Meu pai dizia: para quem acredita, tudo existe.

Quem sabe, na última hora, último suspiro, última claridade, eu entro nesse mundo prateado onde tudo é possível, e me torno Pandora, e não vou precisar mais morrer para entender coisa nenhuma nesta vida.

— Na morte tudo será possível — eu disse a um amigo que morria. — Lá, vamos curtir, num deslumbramento, tudo o que aqui nunca entendemos.

•

Os reflexos se ocultam nos espelhos das casas, das boates, dos banheiros, das lojas, dos motéis, dos estojos de maquiagem. "Isso que vivo, vejo, escuto, sonho, tudo o que me dizem, o que leio, o que vem em entrelinhas e no silêncio, as palavras duras e as amorosas, as alegrias e as injustiças, vai-se depositando feito aquela lamazinha no chão de um aquário e se torna permanência", ensinei certa vez a meus alunos.

Depois fiquei me achando muito pretensiosa.

Junto com pedras e perdas estão os encantamentos e as euforias. A ternura que transborda, a graça que fascina, o delírio que transporta. Memórias e reflexos se impacientam, querem viver, sair, começam a se mover, e eu nem sempre sei seus nomes. Todos eles são a família de Pandora, que ela chama "criaturas"?

Ela me observava entre séria e irônica (ou era condoída mesmo?) quando escrevi o meu primeiro poema, mal entrada na adolescência. Era triste. "Deus, mágica força que governa o mundo,/formas um céu negro e profundo/que envolve em luto toda a humanidade." Eu andava lendo teatro grego, pegava livros das prateleiras de meu pai. Não entendia muito, mas me comovia todo aquele sofrimento.

— Coisa mais deprimente —, disse minha mãe, e nunca mais lhe mostrei nada do que escrevia.

Desenhei no ar minhas primeiras histórias, quando fantasiava mil coisas embalada na rede do terraço, vendo ao longe os morros azulados onde viviam princesas, duendes e o unicórnio. Adulta, fiz romances, fiz poesia, e até dei para inventar histórias de criança, sobre uma bruxa boa e várias bruxas más.

Porém esse meu outro rosto ainda estava por se mostrar: por muito tempo fui só o indeciso, o duplo. Seja como for, eu entro na vida, múltipla que sou, com toda a insegurança e o desejo de saber: quem, como, onde, quando? E quem anda atrás de mim, quando, como agora, entrando nessa casa, nesse corredor, escuto passos num ritmo diferente dos meus?

Pandora, Pandora! Me deixa em paz, um dia, uma horinha ao menos?

Mas, se ela desaparecer, quem será a minha companhia, minha amada, minha irmã e meu consolo?

(Quando me aproximo muito do espelho, ela cola a boca no vidro, como se quisesse me beijar.)

•

Sensação de estar sendo observada e seguida: no quarto, no corredor, na aconchegante casa onde nasci e cresci, no sobrado de uma de minhas avós, onde muitas noites adormeci vendo aquele desenho de ramagens e rosas vermelhas desbotadas, espinhos toscos e cruéis, que alguém tivera a paciência de pintar no alto, perto do teto, dando a volta toda no aposento.

Os perfumes, os aromas, as imagens de uma casa: êxtase, hesitação, sombra fria, sol aquecendo as tábuas do assoalho e as mãos da doente que espia pela janela — pensando que afinal mais um dia lhe foi dado. O cheiro da chuva na pedra quente, o barulho do vento nas árvores, a magnólia que brotou durante a noite e de manhã surpreende o mundo com suas flores feito taças de porcelana.

(Uma artista que admiro pinta magnólias como pássaros.)

A casa que me chama, me encanta, também me dói porque os passos no corredor, os chamados no terraço, os aromas na cozinha, o cheiro de couro e livros no escritório, o crepitar da lareira e os rostos amados empalidecem: o tempo tudo devora.

Isso que está em mim, pela memória, me pertence. É meu. Como se eu fosse espelho. Então, nada de nostalgias. Mas nunca é a mesma coisa. O que se perdeu tem de ser perdido outra vez, a cada vez. Para que a gente não arraste tudo isso como correntes que machucam.

O corredor está pronto, com suas portas, o espelho, a claridade de estreitos vitrais — essa ideia foi minha, a luz entra colorida e estranha. Fica mais bonito assim.

O bonito recobre o trevoso.

●

Ela me perguntou há muito tempo:

— Por que você me chama de Pandora?

— Porque você é uma caixinha de surpresas. Nem todas ruins — acrescento rindo, não sei se ela tem ideia do mito grego. Tentei explicar um dia, isso eu lembro, mas ela não se interessou.

— E você sabe como eu te chamo? Adivinha que nome te dei? — ela pergunta. Eu, surpresa, nunca imaginei que ela me desse um nome especial:

— Não! Qual é?

Ela hesita um pouco, dá sua risada de sininhos, e responde:

— Penélope.
— Penélope? Ué, por quê?
— Porque você pensa que constrói uma casa de viver, mas na verdade tece sua vida. Tece todo dia, sem saber que a vida é tecer a própria mortalha. Aí, quando acorda, desfez tudo no sono, e recomeça. Acordar é recomeçar esse trabalho: o trabalho de viver.

Aquilo fazia algum sentido. Ela encerrou o assunto com uma pontinha de divertida maldade, aquele jeito seu:

— E, no último instante da sua vida, alguém virá, com bico afiado, para cortar o fio.

(Um dia eu lembraria disso.)

•

Em alguns fins de semana, quando pequena, eu era mandada para o sítio de uns conhecidos, perto da cidade. Eu detestava ir, porque ficava lá com eles, sem pai, sem mãe, sem minha casa e minhas coisas. Chorava o trajeto inteiro, meu pai mordia os lábios, olhava firme em frente enquanto dirigia, tentava brincar comigo, mas nada me consolava.

— Por que eu tenho de ir?
— Porque é bonito, você vai brincar com as meninas da casa, ver as galinhas, patos, porquinhos, andar de charrete.
— Eu quero voltar para a nossa casa.
— Sua mãe tem de descansar.
— Descansar de quê? Ela tem empregada.
— Às vezes ela fica um pouco nervosa. Só isso.

Eu era conduzida ao meu breve, mas doloroso, exílio, pela pessoa que eu mais amava no mundo.

a casa inventada

Naquela casa grande, dois andares, antiga e modesta, mas cheia de gente alegre falando alto, tentando me animar com doces, brincadeiras e histórias — (às vezes, quando achavam que eu não estava ouvindo, se referiam a mim como "coitadinha") —, em vão procurei Pandora em algum espelho. Os de lá eram pequenos, antigos, um ou outro rachado. Lá só sobrava eu.

Mas certo dia, olhando bem no espelho do quarto da dona da casa, a quem eu chamava tia, embora não fosse, vi uma aparição espantosa: um palhaço. Todo colorido, gorro, nariz de bola vermelha, gola grande, calças largas, sapatos pontudos, tudo em vermelho e amarelo. Estava meio agachado, e de baixo para cima me olhava com ar de ameaça e ódio.

Saí correndo, desci as escadas aos gritos, quase caindo nos degraus, agarrei-me à tia, gritei, chorei. Finalmente, sem entender o que eu tinha, e como passasse a noite chorando sem dormir — depois de procurarem por toda parte no sítio e verem que nada havia —, chamaram meu pai.

Já no carro, tentando controlar meus soluços, agarrada a ele, tentei explicar o que tinha visto.

— Como, palhaço? Era uma figura colada no espelho?

— Não, pai, era uma pessoa, lá dentro, me olhando com cara de muito mau, com roupa e cara de palhaço.

Ele passou a mão no meu cabelo, mas comprimia os lábios como fazia quando estava preocupado, olhando a estradinha em frente:

— Vai ver você sonhou, filhinha. Esquece isso, vai? Logo estamos em casa, seu quarto, sua cama...

Mas eu nunca esqueci. Nunca mais vi a horrenda figura. Quando comentei com Pandora, ela ficou muito séria, não achou graça nenhuma, não respondeu nada, nem debochou de mim. Se desfez no ar como costumava quando o assunto não a interessava mais.

•

Quando cresci um pouco, ainda atormentava meu pai com minhas perguntas intermináveis, mas ele nunca se aborrecia:
— Pai, os fantasmas são mais vezes mulheres que homens? Os condenados da Inquisição eram mais vezes mulheres que homens?
Ele ria:
— Acho que mulheres, porque são metidas a bruxas. Você anda lendo sobre a Inquisição? Não se assuste, hein? Coisa lá da Idade Média.
Naquele tempo, eu tinha lido, havia as bruxas, ah, as bruxas e seus sortilégios, e os homens com suas fogueiras para jogar as mulheres temidas. Queimaram-se milhares porque conheciam ervas medicinais, por serem parteiras chegadas ao mistério da vida e da morte, outras simplesmente porque não se submetiam, sangravam, pariam, tinham aqueles olhos de quem conhece segredos tenebrosos.
Elas não se enquadravam.
Eu quero me enquadrar, sempre tento isso, ou já me enquadrei demais? Como ser mais livre sem magoar ninguém, sem que ninguém se espante? Como sair dessa trilha sem pisar no coração dos outros, que dependem desta que eu sou e construí — ou me fizeram ser?
— Quanta bobagem você sempre pensa — ri Pandora. — Tudo mania. Você pensa demais. Tem de viver a vida, e curtir,

curtir sua família, e amigos, seu trabalho, seu sonho, suas horas silenciosas de noite quando pode sair da cama sem ser notada, vagar pela casa, espiar os quartos, ficar na grande janela, ou no terraço, tomando banho de luar.

— Nossa! Eu ia morrer de medo.

— A hora secreta — conclui Pandora — é a mais importante. E tem razão.

— Pandora, na Idade Média iam te considerar bruxa e te queimar na fogueira? Ou a nós duas?

3 | *A sala da família
(e o biombo do silêncio)*

Do pai, a retidão e certa melancolia:
o olhar sobre o que existe atrás
de tudo. Da mãe, a alegria.
Da remota linhagem, da família,
o novelo de fios que tramam
alma, imagem, e a morte
— ninguém sabe quando e onde.

Mais os trabalhos e a dor, a fantasia,
a obstinada procura, alguma sorte,
parte da bagagem perdida,
e toda essa gente.
Não há muito de mim nessa personagem:
há que buscar o que ela esconde.
(Dissabores fazem parte: maior
é a celebração da vida.)

Os fios mais complicados, da trama maior e mais apertada — que pode ser rede de salvação, balanço de alegria ou tela de prisão —, são aqueles urdidos na família: onde tudo é mais complexo, mais obscuro, mais terno, mais amoroso, e às vezes mais cruel.

Onde mais nos sentimos abrigados ou julgados. Onde mais se cometem amores e injustiças. Onde os cuidados estendem braços amorosos, e o ciúme espreita sob pálpebras apertadas. Onde somos mais acompanhados, e mais sozinhos. Salvos ou condenados, euforia ou danação: família.

E a sala da família é o aposento que, como um arquiteto que mostra seu projeto, eu desenrolo agora: cenário de papel com muitos desenhos, móveis, quadros, tapetes, pessoas. A mesa de jantar. Na frente dela mais um grande espelho, que estranhamente tem um vago tom rosa antigo.

Pandora não quer se revelar ali: ela acha, ao contrário de mim, que numa família só se desenrolam farsas. Mas eu sei que não.

— Deixa de ser cínica, Pandora.

Ela faz uma careta:

— Com família a gente só tem dois caminhos, amiga: cinismo ou ingenuidade. Você foi criada para acreditar em tudo. —

E começou a desfiar, contando nos dedos: — Papai Noel, Coelho da Páscoa, Cegonha...

Ela gosta de me humilhar? Mas, se ela é meu reflexo, sou eu mesma que me humilho. Nem sempre concordo com ela.

●

O que diriam as paredes dessas salas de família se pudéssemos escutar suas vozes? Se cobrassem vida as criaturas no espelho, nos retratos nas paredes, com suas caras solenes ou seu riso fixo, roupas de menina, de dama antiga, de cavalheiro ultrapassado ou desportista animado? Outras fotos de mulheres elegantes e modernas, homens com copo na mão, crianças pulando ou andando de balanço?

Fotos de gente reunida em torno de mesas, desta mesma grande mesa embaixo da qual crianças gostam de se esconder para que ninguém as incomode. Quanto brinde entre risadas, quanto silencioso pranto ou inúteis gestos? Pessoas reunidas não por escolha, mas por fatalidade ou sorte, ou essa singular mistura dos dois, que constitui uma família.

Os avós meio solitários, com olhar vigilante:

— Menina, senta reta! Menino, fecha a boca!

— Sim, vovó.

— Minha nora, tem feito muitos bolos deliciosos?

— Sim, minha sogra, conforme a receita que a senhora me deu.

— Minha filha, não está passeando demais por aí, jogando cartas com as amigas? Essas suas crianças andam muito mal-educadas.

— Não, minha mãe, estou sempre em casa com marido e filhos.

— E você, meu genro, ainda em noitadas com os amigos?

— Minha sogra, não se meta na minha vida — isso dito com um pouco de humor, todos na mesa riem e é quebrado o gelo que ronda, o desconforto e o ressentimento recuam para trás das cortinas.

Só eu não acho graça. Aquilo me deixa insegura. Afinal, se querem bem, se traem, se odeiam, ou tudo é uma encenação, como meu pai às vezes dizia?

Ali aprendi que palavras são plumas ou punhais: enfeitam, descrevem, abafam e matam. Minha paixão pelas palavras me trouxe até aqui, hoje, escrevendo este livro, andando no corredor da casa da vida que ainda estou inventando, abrindo portas, agora espiando a sala da família com seus mil segredos.

(Esses rasgos no tecido familiar são como ratazanas disparando silenciosas, quase invisíveis, debaixo dos móveis, e pelos cantos da sala.)

•

A mim às vezes convocavam, porque eventualmente eu era a única criança por ali, ou era a maiorzinha delas. Ou porque me achavam diferente, me examinavam.

— Senta aqui, menina, em cima dessas almofadas, assim você não fica tão baixinha. Vem comer com a gente.

Tinham curiosidade ou achavam graça de mim, que falava e perguntava maluquices, ou tudo escutava muito séria. "Essa menina tem um olhar adulto", disse uma das tias.

Minha mãe me encarou como se me avaliasse.

Eu, nariz mal chegando à altura do tampo da mesa, ficava observando aqueles seres como grandes salsichas claras com buraquinhos que piscavam e piscavam e tinham bolas de vidro lá dentro, que se voltavam para as pessoas, ou para a toalha da mesa. Outros buraquinhos que abriam e fechavam soltando as mágicas palavras, ou ali metiam coisas chamadas comida: quem eram, o que tinham a ver comigo?

Os avôs, as avós, respeito, carinho, curiosidade, como a gente ficava assim velho? Rugas, cabelo grisalho, pele manchada, ar de bondade pacífica ou cara amarrada de um insuspeitado rancor, sabe-se lá contra o que ou quem?

— Desperdiçou a vida implicando com os outros, por isso ficou tão amarga — comentaram certa vez a respeito de uma das avós. Comecei a olhar melhor para ela: olhos azuis distantes, pensaria em dias mais felizes?

A gente era família, meu pai enfatizava quando organizava almoços ou festas. Para ele, ser família parecia muito importante. Eu gostava da ideia. Aquelas muitas pessoas me confortavam, eu pertencia àquilo, eu que me sentia sozinha, eu que achavam esquisita, "essa menina lê demais, não vai arrumar marido, nem conhece os naipes das cartas para substituir uma de nós se alguém falta, vive isolada no quarto ou no jardim...".

Minha mãe por muitos anos se preocupou com isso.

•

Quando eu me agitava demais, e a mãe se queixava, meu pai me levava para seu escritório forrado de livros. Me instalava numa das grandes poltronas de couro onde eu quase sumia, as perninhas balançando longe do assoalho. Botava no meu colo volumes pesados, enciclopédias, muitas figuras coloridas, aquele cheiro de livro antigo que me delicia até hoje.

Um dia, com uns doze anos, bati na porta, entrei, me plantei diante da escrivaninha embaixo da qual, muito pequena, eu gostava de me esconder e brincar de casinha.

Perguntei:

— Pai, quem era Sócrates?

Ele não riu, não se irritou, não me mandou brincar no jardim. Me olhou, vagamente divertido, mas bondoso, e disse:

— Sócrates foi um filósofo muito sábio, na Grécia Antiga. Você sabe o que é filósofo, não sabe?

— Sei, são pessoas que pensam muito. Pensam por todo o mundo. Tem livro dele aí?

— Sócrates não escreveu livro. Mas um aluno dele, chamado Platão, anotou as aulas do mestre e fez livros com isso.

— Tem livro desse Platão aí?

Meu pai me olhou de alto a baixo, e disse com simplicidade:

— Tem. Vou te dar. Você não vai entender, mas vai achar bonito.

Era um volume fininho, *O banquete* de Platão. Não entendi nada, mas achei lindo.

Décadas depois, dediquei a meu pai um de meus livros: "Para meu pai, para quem eu não era só uma criança. Era uma pessoa."

(Ele teria compreendido Pandora, se eu tivesse coragem de lhe contar?)

●

Esta é a sala da família. Posso chamá-la também a sala dos amores? Do entendimento ou dos desencontros? A sala das mentiras pequenas ou trágicas? A sala da plenitude e do aconchego? A das muitas máscaras? A dos conflitos, da repressão, do silêncio amoroso, do silêncio com rancor que espia de lado, olhos apertados e sobrancelhas unidas?

— Pandora, você é um anjo? O meu anjo? — pergunto ao espelho da sala, que acompanha a família desde muitos anos, e me viu criança, chorosa e mimada, adolescente apaixonada, mulher luminosa, ou desbotada.

Mas, como às vezes acontece, hoje ela não está lá.

"Quem não tem reflexo no espelho já está morto e não sabe", diziam empregadas de minha mãe, que gostavam de me assustar. Eu ia correndo verificar com medo, medo de qualquer coisa. Mas sempre via a minha imagem. Minha ou da outra. Às vezes, as duas lado a lado. Ou ela atrás de mim, espiando, fazendo olhos estrábicos para me divertir.

●

Vou até uma janela, com pesadas cortinas que quase impedem o dia de entrar, e olho lá fora. Vejo só de relance um pátio ensolarado e vazio, onde a simplicidade quase brutal me conforta dos drapeados das emoções aqui de dentro.

— E você ainda por cima quer resolver o drama de todo mundo — insiste Pandora por cima do meu ombro. Eu nem a tinha percebido. — Mas nem consegue resolver suas próprias coisas mais bobas. — Para ela, quase tudo em mim é bobagem. Deve ter razão mais uma vez.

Eu só queria que numa família todo mundo se amasse. Que nunca ninguém em nenhum momento dissesse, ainda que no ouvido do vizinho de mesa ou de sofá, alguma coisa ruim de outra pessoa desse grupo.

Então eu corria de um para outro:
— Mãe, você gosta da vovó?
— Claro, menina, ela é mãe do meu marido.
— Vovó, você gosta da mamãe?
— Claro, menina, ela é mulher do meu filho.
— Titia, você gosta da mamãe?
— Claro, ora, é mulher do meu irmão...
Respondiam com um sorriso, ou sacudindo a cabeça como se eu dissesse uma grande tolice. Mas seus olhos se apertavam um pouco, e atrás dessas fendas me encaravam desconfiados, o que será que essa menina sabe, sempre alerta pelos cantos?

Aos homens eu nunca perguntava nada disso: gostava deles, e os achava meio distantes, meio sozinhos. Barulhentos, com suas risadas, vozeirões, anedotas e bebidas, me pareciam engraçados, e tristes também.

O que causava esse vago mal-estar que circulava entre essas pessoas, se todos tinham nas veias o mesmo sangue — coisa que eu achava misteriosa e bonita?

— Inveja, ciúme — alguém tentou me explicar muitos anos depois. — A história de Caim e Abel nunca terminou, somos todos sempre crianças. Diferenças? Temos medo do diferente. Diferença de idade, os velhos melancólicos ou ressentidos, e os moços meio delirantes? De gênero, os homens e as mulheres, e os que estão no meio disso? Dois pais, duas mães, por que não? E as cobranças, e as vinganças, as traições e as coisas secretas? A liberdade pode não ser um bem? Ou é sempre o bem supremo? E o preconceito, que nasce do medo, será superado?

Pandora simplificou para mim:

— Toda essa confusão começa porque tem homens e tem mulheres, e tem... Tem amor, isso que você chama amor. Você pensa demais, sofre demais, se interessa demais. Te falta um pouco de leveza, de alegria — ela repete. E dá de ombros sacudindo a cabeleira perfumada.

Conheço esse gesto: assunto encerrado.

●

No olhar turvo de muita gente, isso que nem de longe é banal embora seja tão cotidiano: família, convívio, amor e ódio, a vida é assim e pronto. Família, o reino dos desencontros: a gente pronuncia a palavra que vai causar um tumulto, ou apenas um pequeno arranhão nos sentimentos de quem a gente não queria ferir. Anos depois, esse alguém nos interpela:

— Lembra aquela vez em que você me disse isso? Pois até hoje me dói.

A gente reage honradamente, mas como, quando? Eu nem uso essa palavra, e jamais te diria uma coisa dessas! Além do mais, faz quase vinte anos!

Tem também a hora em que devíamos nos abrir e falar, o outro precisando de colo. Mas, tímidos ou desatentos, engolimos o que poderia ter feito um bem, evitado um dano — houve apenas silêncio. Nas duas ocasiões, não foi por maldade. Foi porque a gente não sabia.

Eu muito pensava na dor, na dor, na dor evitável, no desnecessário sangramento da alma de quem via o mundo como seu algoz e perseguidor, mas o outro era inocente. E assim nunca ninguém teria responsabilidade ou culpa?

●

Culpa, a grande pedra nos ombros: como se portar, o que dizer, onde aconselhar, quanto vigiar, que posturas tomar, quanto aparentar por falsidade e deboche, quanto de verdade mudar?

Família, nascedouro das nossas neuroses. Pai demais, a criançada fica frouxa. Pai de menos, se larga sem freio. Mãe demais, todo mundo manhoso. Mãe de menos, revoltoso. E como devemos agir? Toda a liberdade e máximo de amor, ou mínimo de afeto e rédea curta?

Pandora dava risada:

— Você quer uma família careta?

Bem que podia ser isso, um pouco ao menos: algumas cerquinhas, aquele portão que dá pra abrir, mas tem hora, tem jeito, tem licença. Nem rigidez, que os deuses nos livrem dela. Nem pais sacrificiais, que nos encherão de culpa e vão impedir que a gente cresça e floresça. Nem frieza e omissão, que nos farão órfãos desde sempre, nem controle doentio — que o destino não nos reserve esse mal dos males. Nem de longe moralismo e preconceito, diversão maior do demônio.

●

A sala da família também pode ser a sala dos amores, que depois se refugiam nos quartos, se acendem nas camas, se afastam pelos corredores antes que o cansaço, a indiferença, as traições esfarelem tudo, A sala da família pode ser a sala dos amantes, que se abraçavam aqui quando não era hora de refeições, e a família tinha se dispersado ou dormia.

Difícil o amor: saber distinguir, ser capaz de observar e argumentar, mas o que lhes pode ensinar esta mulher que tem um duplo chamado Pandora que ninguém mais vê, rainha dos espelhos e seguidora eventual com passo tão leve que ninguém escuta além de mim?

Pandora implica:

— Você acha que amor é a solução de tudo? A solução de tudo? Ele ou ela tem de me dar a felicidade? Não somos mais uma pessoa, mas um marisco agarrado à rocha firme ou dois náufragos da vida algemados um ao outro mesmo que para morrer? Ou parceiros quase indiferentes que não se importam?

"Eu há muito deixei de me importar", me disse uma amiga, "e comecei a ser feliz." Mas nos espaços entre suas palavras, e na beira de seus lábios, havia gotinhas de amargura.

•

(... e o biombo do silêncio)
Num canto da sala aonde quase ninguém vai, um biombo. Nem alto nem baixo, nem sólido nem rendado, claro ou escuro. Apenas biombo. Que quase ninguém percebe, atrás do qual poucos espiam. Não se interessam, ou sentem algum receio. Porque as coisas escondidas podem ser perigosas.

Além dele, abre-se o espaço do silêncio. Esse, temido por tantos, desejado por alguns, aproveitado por poucos. Primeiro, aquele silêncio que surpreende como quando a gente entra numa sala e todo mundo está falando alto, assuntos diferentes, tevê ligada com volume espantoso, alguém rindo, criança chorando, cachorrinho latindo (quem sabe um gato miando). E a gente pede: "Pelo amor de Deus, podem baixar esse volume?" Todo mundo se cala, nos olha, alguém desliga a tevê, e imediatamente todos, todos, suspiram.

Que alívio, o silêncio.

Nele se desenrola o reino em que podemos escutar a nossa própria voz, ou as vozes de dentro: que nos encantam, nos assustam, nos atordoam, das quais queremos beber o segredo ou fugir em disparada.

Mas, com medo dele — porque nos faria escutar a nossa própria voz ou os ecos do nosso vazio interior —, nos rodeamos de ruídos. E por medo da quietude nos ocupamos com tarefas em geral inúteis. Temos sempre de fazer tantas coisas, e tomar tantas providências, que, se passadas por um filtro de bom senso, seriam reduzidas a menos da metade. O resto seria reservado para descansar, ver algo bonito ou bom, ler, conversar, olhar a natureza, relaxar, ser mais feliz.

Mas a gente não consegue, e sai correndo atrás do próximo trem, o próximo avião, o próximo encontro, o melhor restaurante, a obrigação mais desafiadora, pois temos de ser competitivos.

(Enquanto a gente corre, as velhinhas que tricotam dentro dos relógios não param um segundo sequer, as agulhas do tempo tecendo, tecendo... Ah, o tempo.)

●

Eu, a quem chamaram desde sempre preguiçosa e amante da inércia, preciso da quietude: nela vislumbro paisagens incríveis, nuvens assombrosas, as pedras, o mar. As pessoas.

Gosto do silêncio. Ali ouço coisas fascinantes que não consigo traduzir em palavras, eu que sou uma mulher das palavras. Músicas, harmonias, toda espécie de sons ou dessa ausência de sons que também ressoa.

Mas preciso que perto estejam as vozes amadas, em alguma parte um barulho de chuva, e sempre, ainda que longe, o rumor do mar. Como nos espelhos permanecem as figuras que um dia ali se refletiram, acredito que guardamos no nosso silêncio a memória de todas as vozes ouvidas: amorosas e sábias, cretinas ou hostis. As vozes do mundo. E a nossa voz perguntando baixinho: "Afinal, o que é tudo isso que chamamos vida — e o que estou fazendo com a minha?"

●

Pandora, parada na frente do biombo, me olha meio surpresa, ela que é a rainha das silenciosas madrugadas. Pego-a pela mão e levo comigo:
— Vamos, irmã. Agora, o lugar que devia ser sempre o mais importante da casa.
Ela murmura ao meu lado:
— Devia ser?
— É o lugar de ouvir a própria voz.
— Mas não é disso que vocês têm medo?
Pandora não perdoa.
Essa voz de nós próprios pode ser deliciosa, mas pode ser uma conversa com aquelas bruxas interiores que gargalham, que arranham com suas longas unhas, varrem nossas alegrias para debaixo de escuros tapetes, cospem nos nossos sonhos mais pueris, que nos dão agonia, depressão, desejo de dormir sem acordar, de fugir, de morrer. (Os suicidas sabem disso.)
A voz do silêncio pode ser ressentimento: "Eu queria que ela morresse. Espero que ele pague por tudo o que me fez nesta vida." Rangemos os dentes de tanta raiva.
Então o silêncio nos expõe, nos deixa nus, nos desafia.

●

— Você acha que as crianças da casa sabem desse biombo, se importam com ele, espiam atrás dele? Afinal, elas são mais espertas, veem mais, ouvem mais, sabem mais do que os adultos.

De repente Pandora se interessa por crianças, que sempre ignorou ou achava "uma chatice".
— Elas sabem muito mais do que nós — comento. — Ainda não foram treinadas como adultos com pouca imaginação. Não precisam desse silêncio, elas têm o seu quarto pra brincar. E muitas vezes brincam de adultas...
— Ainda bem que eu nunca fiquei adulta.
— Você nem precisa nem deve. Você é a minha liberdade secreta, a irreverência, a adivinhação, essa que nem eu entendo, que às vezes me assusta, que eu quero apagar de todos os espelhos, mas que me mantém viva.
Pandora dá sua risadinha de conchas.

•

Diálogos com Pandora:
— E se a nossa vida, a minha, for a verdadeira vida, e a de vocês, humanos, um reflexo da nossa? Nós seríamos o mundo real...
— Mas, Pandora, você não é humana?
Ela me olha com aqueles singulares olhos meio transparentes, sentada do meu lado sobre minha cama:
— O que você acha?
— Acho que você deve ser uma alucinação minha. E, de verdade, não quero saber.
Ela conclui, com um sorrisinho:
— É, minha amiga, às vezes melhor é não saber. Perguntar é melhor que responder.
— Então o bom mesmo é ser criança: elas perguntam, perguntam, e saem correndo, pulando, dançando, antes de ouvir as respostas. Não precisam de explicações para nada.

Ela comenta:

— Focas felizes antes de serem amestradas.

Rimos juntas. Aproveitei aquele momento descontraído, e leve, para perguntar:

— Você nunca teve vontade de ter filho?

Adolescente, eu começava a brincar com aquele sonho futuro. Família grande, montes de crianças.

Pandora botou as mãos na cabeça, fingindo horror:

— Eu? Deus me livre. Não posso não, nem quero. Vejo as caras de alguns adultos, às vezes, olhando pra vocês: impacientes, cansados, enjoados, se achando vítimas, e adoram isso, eles adoram ser vítimas. Mães, então...

Eu não me convencia. Cada filho a nascer, no futuro ainda distante, me daria a mesma sensação indescritível: mais uma pessoa no mundo com seu destino, sua vida e sua morte. Que dor pungente, e que delirante alegria. E que espaço para ansiedade e receios. A morte é a parteira que nos recebe em algum lugar não sabido? Que tesoura, ou que bico recurvo, cortará o fio umbilical?

— Para de pensar maluquices — reclama Pandora. — Que chata você fica. Vem brincar de ser criança, vem?

4 | *O quarto das crianças*

*Aberta ao mundo como um grande ouvido
— nada entre o buscado e o buscador —,
senta-se a criança no degrau de pedra
e olha.
Ela absorve intensamente o que contempla:
não a flor, não a casa,
mas o espaço que a define.
Sua pequena mão inventa formas,
sua voz cria palavras
que minha lucidez jamais alcança.*

*Não quero indagar se faz sentido
isso que esboça no ar, ou fala ou canta,
ou apenas descobre.
Nem a chamo para o cotidiano:
nada que eu lhe possa mostrar
vale o seu olhar e o seu saber
de agora.*

Este é o quarto das crianças: arejado, claro, desenhos nas paredes, alguns pôsteres alegres. Esse deve ser o reino delas. Bonecos sobre as camas, livros numa prateleira, carrinhos, tablet, o que faz parte da vida e do quarto de uma criança hoje. Uma parede branca destinada a desenhar ou escrever. Uma escreveu "eu amo a minha mamãe", outra escreveu "minha mamãe foi embora". Outro ainda: "Meu papai me bateu porque eu fui malcriado." Alguém desenhou uma família: pai e mãe abraçados, crianças no chão brincando. Uma casa, uma árvore, um sol.

(Mas outra desenhou uma casa com telhado preto, um gramado vazio, uma árvore sem folhas, uma criança sozinha sentada no chão, sem brincar. E jogou o papel meio amassado num canto do quarto.)

Nem tudo é sempre alegre por aqui: há crianças tristonhas; outras, crianças solares, riso fácil, achando graça de tudo, animando o lugar onde estiverem. Provavelmente serão mais felizes na vida. Há crianças com fases muito tristes: perdas, mortes, injustiças, desentendimentos. Ou simplesmente pensamentos sobre coisas que ninguém quer ou sabe lhes explicar. Ou não tem tempo para isso: Agora não, menina, estou ocupada.

"Criança não pensa", protestava minha mãe quando eu perguntava coisas que, segundo ela, não eram de criança, como o avô que morreu, a tia doidinha, o menino anão na casa da esquina, a mãe da amiguinha, que no caixão parecia uma boneca de cera.

(Não quero falar aqui da sombra: quero, brevemente, relatar coisas felizes e divertidas. Falar dessa alegria que tantas vezes vem delas e também faz parte da nossa bagagem. Ou perdemos bolsas, malas, pelo trajeto.)

Nesta casa as crianças brincam, gritam, cantam, ou leem e desenham, no seu quarto alegre e claro. Beijo de mãe, abraço de pai, brincadeiras com irmãos, os passos da mãe no corredor, sua risada, o carro do pai entrando pelo acesso à garagem, passando por baixo da janela — e a gente podia dormir tranquilo. Pai jogando bola com as crianças, ensinando a nadar, a pescar, a conhecer as estrelas, a escutar os pássaros.

Não quero sofrimento de criança aqui: nem doença, nem morte, nem separação, nem humilhação nem violência. Nem medo do escuro e ficar de castigo num quartinho minúsculo sem janelas, só bem no alto uma lâmpada nua, que ficava apagada. Lá se guardavam vassouras, panos, aspirador de tapete, e crianças desobedientes.

•

Crianças falam com seres que não vemos, ou com seus bichos de estimação, bonecos, carrinhos. Para criança, tudo é pessoa. Eventualmente bebês pequenos olham e sorriem para algum ponto no quarto onde não vemos ninguém. Eles veem, e não precisam temer ironia ou preconceito.

Pandora, como as crianças, sabe coisas que não sei, enxerga o que não vejo, conversa com quem não conheço, e faz parte dos meus amigos secretos. Na infância — antes da menina do espelho —, eu tinha vários amigos assim: uma familinha inteira, muito pequenos, que eu sentava no peitoril da janela do meu quarto, e com quem dialogava, contava e ouvia histórias, dava risada.

A mãe, para variar, chamava lá do quarto dela, parecia sempre saber o que eu estava fazendo:

— Falando sozinha? Ficando doida de vez?
— Não, mãe, falando com as bonecas.

Era secreto, era divertido, era um pouco solitário.

Até descobrir Pandora, minha amiga imaginária, ou real, para o sempre do sempre. (Ou um dia eu também a haveria de trair?)

•

Algumas vezes a gente brincava de trocar de lugar: ela saía do espelho e eu mergulhava, sempre com medo, e se de repente não puder mais sair? Era sugestão dela, mais atrevida do que eu. Me contava que, quando não havia ninguém por ali, ou todos dormiam, ela vagava pela casa.

— Você espia pessoas que dormem? Todos nós?

Ela ria:

— Claro. É engraçado ver o que vocês estão sonhando.

Eu, na redoma de vidro, ficava cheia de receios, arrepiada de frio, ela corria pelo quarto, pegava bonecas, mais tarde maquiagens, colares, lenços feito véus... e se punha na frente do espelho fazendo trejeitos para eu imitar, ou — coisa que ainda me punha algum medo — ela se movia e eu, presa lá dentro, ficava imóvel. Eu não sabia brincar.

E se eu morresse antes de sair?

— Quem vive aí dentro não morre nunca, sua boba — Pandora dizia. — Nada desaparece depois que entrou.

Mas eu não confiava tanto nela, e tinha pressa de voltar para o meu mundo concreto de tecidos, madeiras, paredes, árvores e pessoas de verdade.

•

Olho crianças e penso no que vão se tornar. A raiz do homem está no garoto alegre correndo com seus amigos ou maltratado em casa; a semente da mulher está na menina amada ou brutalizada, quem sabe ridicularizada. Somos filhos daquelas crianças. A infância deixa rastros como sulcos num campo lavrado.

Aquela criança, a primeira, ainda inocente e preservada, continuará nos parindo pela vida afora, como nós parimos, com amor e dor e encantamento, cada dia e cada noite, esses filhos nossos — e a nós mesmos neles.

Pandora diria:

— Você hoje está complicada demais. Metida a psicóloga. Prefiro aqueles meus sonâmbulos do espelho.

•

O pai tinha viajado. A menina de uns três anos dormia na cama da mãe, tudo bastante escuro. De repente, na penumbra, ela levanta um dedinho ainda gorducho como são os dedos dos bebês e diz sussurrando:

— Mãe, olha a estrelinha... — ela ainda diz "estelinha".

— O quê?

— Ali... — o dedinho vai de um canto do quarto a outro —, ali... Uma estrelinha, olha...

Não há nenhum brilho, lampejo, que poderia significar estrela para a criança. A mãe olha bem, e depois pergunta mais uma vez, mas onde está a estrelinha?

A criança:

— Ali, mamãe, faz criiii... criiii... criiii...

Então a mãe descobre que era um grilo, possivelmente no pátio, na noite quente, transfigurado pela criança que ainda vivia no estado de poesia em que elas vivem antes de as enquadrarmos.

(Alguns continuam percebendo o mundo dessa forma, e disso fazem a sua arte. E os outros dirão: "Coisa de artista...")

•

Crianças urbanas, de apartamento, curtiam as primeiras descobertas de viver numa casa, num bairro afastado, quase cidadezinha do interior.

O menor entrou correndo no seu passo meio cambaleante, e entusiasmado puxou a mão da mãe:

— Vem ver, na rua, um cachorrão beeeem grandão.

Era o cavalo da carroça do verdureiro, que naqueles tempos bucólicos ainda vinha oferecer seus produtos de casa em casa.

•

Três crianças com a mãe no sofá, fim de dia, todo mundo com cheiro de banho tomado, todos querendo se encostar na mãe, cobertor sobre as pernas.

Televisão, ainda preto e branco, a gente via coisas como *Rin Tin Tin* ou *Perdidos no espaço*.

A menina diz:

— Mãe, por que o homem puxa tanto nas perninhas da vaca?

A mãe sai do seu devaneio doméstico, o que mandar cozinhar amanhã, será que a roupa secou, e olha: na tela, propaganda de algum produto de fazenda, leite, manteiga. Um rapaz agachado ordenha sua vaquinha.

Quando o marido chega, ela diz:

— Acho que está na hora de levarmos nossos filhos para conhecerem um sítio...

Tempos depois, sentados à mesa, frango na travessa, o do meio aventou:

— Mãe, essa galinha não é aquela que tem perninhas e corre no sítio onde a gente foi outro dia, é?

— Por quê?

— Ah — ele quase chorando —, eu não vou comer galinha que corre e que eu conheci...

A irmã consola:

— Não tem nada disso, essas aí são as que nascem no saco plástico do supermercado.

•

— Pai, a gente tem bastante dinheiro?

— Temos o que chega pra nossa vida.

— Eu nunca fui na Disney.

— Pra isso não temos dinheiro.

— Pai, se um dia faltar dinheiro o que você faz com a gente?

— Ora, vou trabalhar mais, e a mamãe também, e damos um jeito.

— Pai, se não tiver mais dinheiro meeeesmo, você deixaria a gente no mato sozinhos?
— Claro que não, filho, que ideia mais maluca.
— É... Mas os pais de Joãozinho e Maria deixaram eles sozinhos no mato da Bruxa quando o dinheiro acabou...

•

Um menino e sua mãe voltavam das compras no ônibus quase vazio. Ele segurava no colo o presente cobiçado: um microscópio "de verdade", dado pelo pai, mas a mãe fora com ele comprar. De vez em quando ele passava a mão no pacote:
— Parece mentira, né, mãe? — Olhar sonhador daqueles olhos grandes de um azul indescritível.
No meio do trajeto, o diálogo.
— Mãe, que igreja é essa?
— Nossa Senhora Auxiliadora.
— Por que tem tanta Nossa Senhora? Não era só uma?
— É uma sim, filho, mas ela tem muitos nomes.
— E o Nosso Senhor é são Pedro, né?
— Não, é Jesus, ora. Quem casou com ela foi São José. São Pedro era amigo de Jesus. — A mãe suspirou: não praticar muita religião dava nisso.
— Ah... e porque o José não é o Nosso Senhor, se era casado com Nossa Senhora? — Os olhos azuis começavam a deixar a mãe inquieta.
— Acho que é porque Jesus e Nossa Senhora são mais importantes, filho.
— Mas o José não era pai dele?
— Não era de verdade, o pai dele era Deus, José era pai adotivo.
— Então Jesus não nasceu da sementinha do José?

a casa inventada

O silêncio no ônibus já meio vazio parecia imenso. O menino falava em voz alta e clara, pra ele era tudo natural, assim ensinavam em casa.

— Não, filho, Deus fez brotar a sementinha direto em Nossa Senhora, foi um milagre.

— Ué, então não foi como nas pessoas? — Agora o silêncio do ônibus meio vazio podia ser cortado com faca. A mãe se fez de distraída, mas o menino pensava, concentrado.

— Mãe, como é que antigamente as primeiras pessoas sabiam como se fazia pra ter bebê, se ninguém tinha ensinado elas?

— Ora, filho, essas coisas a natureza ensina.

— Mas a natureza não é pessoa pra ensinar a gente...

— Quer dizer, quando a gente cresce, aprende por si.

— Mãe, olha, nessa placa estava escrito Rua Mozart! Eu acho que ele mora aqui!

— Ele quem?

— O Mozart, mãe. Quem ia ser?

— Não, filho, ele viveu na Europa.

— Ah é? Até achei que era nos Estados Unidos, onde moram pessoas importantes.

Finalmente desembarcaram; o menino retomou seu ar sonhador ainda segurando o pacote.

— Mãe, como eu tenho um pai bom, né?

E acrescentou depressa:

— Mãe também, claro...

●

— Vovó, por que eu não tenho vovô?

— Você tem, queridinha, só que ele morreu.

— Tá no céu, né?

— Sim.
— Tá com os anjinhos?
— Acho que sim.
— E ele enxerga a gente?
— Enxerga.
— Mas por que ele morreu? Minhas amigas têm vovô.

Sentar e pegar a criança no colo:

— Filhotinha, as pessoas são como as plantas e os bichos, fazem parte da natureza. Na natureza, as coisas nascem, bem pequenininhas, crescem, vivem um tempo e morrem. Tem planta que morre logo, alguém pisa em cima, coisa assim. Tem árvore que morre quando é grande e linda, cai um raio, por exemplo. Tem árvore que fica beeeem velhinha e, quando ninguém mais imagina, nasce uma flor lá em cima. Pessoas são assim, morrem cedo ou bem velhas, a gente nunca sabe.

A avó começava a sentir a voz embargada.

— Vó, mas você não vai morrer, né?
— Não logo. Não agora.
— Quando?
— Ah, sei lá, quando você for beeem grande, tiver seu marido, seus filhinhos, sua casa, aí a vovó vai dormir bem tranquila e acordar no céu.
— Com o vovô?
— Acho que sim.
— E com o seu novo marido, como vai ser?
— Ah, quando ele também morrer vamos ser todos muito amigos.

O lindíssimo olhar confiava em mim.

(Por que, hão de estranhar, ela está colocando aqui gracinhas de criança que nada têm a ver com o resto do livro?

Porque tudo tem a ver com tudo, também a inocência, a alegria, a imaginação, e rir um pouco. Porque, embaixo da casa, tarde da noite, se escutam rumores e rosnados.

E comentamos: "Temos ratos de novo no porão!"

Por isso, aqui, eu dei espaço para a alegria. Depois, virá o gesto de abrir o novo pedaço da casa: o porão. E, embaixo dele, coisa que quase ninguém imagina, com águas sombrias, mas vivas, embaixo de tudo existe um poço.)

5 | *O porão das aflições*

Embaixo de toda casa,
essa que pensamos conhecer,
vive a Medusa
com olhos de uma nostalgia mortal.
Embaixo de toda casa
serpenteiam labirintos
que temos de achar, e dominar
— ou nos sugam, nos absorvem,
nos vomitam.
Além deles, ali existe um poço
e temos de mergulhar:
primeiro as mãos em ponta
cheias de encontro e de adeus,
depois o rosto marcado,
o corpo exausto que se adia.

E por fim,
muito mais calma,
isso que nos sobrou de alma.

Há porões de segredos nas casas, em todas elas, também nos barracos e nos apartamentos: a gente é que não sabe. Estamos habituados à ilusão de que nada de perigoso existe ali, nada que não possamos entender. Velharias, coisas inúteis que guardamos pensando "um dia posso precisar". E nos esquecemos delas, como de pessoas e amores.

Pandora anda destemida nos porões sem que ninguém saiba, mas logo se entedia, ela prefere a luz. Cheiro de mofo, garrafas velhas, berço antigo de perna quebrada, mesa de jogos com o feltro verde rasgado, botas, uma sela de cavalo do avô fazendeiro, um armário de porta de vidro com bonecas antiquíssimas e leques. Num baú meio aberto, olhos mortiços piscam atrás das fendas das máscaras guardadas.

O desconhecido mora nos porões, e nós o perseguimos, cheios de curiosidade e medo, naqueles sonhos de que não lembramos bem ao acordar. E a gente diz: não quero encontrar, não quero ver, não quero saber.

(Um manto de pó recobre tudo: a criança brinca de escrever com o dedo histórias que vai inventando nesse quadro-negro sutil. Uma delas se chama: "O poço".)

Projetos, planos e promessas: engodos, iscas, armadilhas e frustrações, mas nós insistimos o dia inteiro, e pela incansável madrugada.

Se pararmos para ouvir, quem sabe vamos perceber a dor pelo tempo desperdiçado sentindo raiva, inveja, sendo intolerantes, difamando, mentindo, criticando com azedume, passando por cima do outro, esquecendo quem nos ama de verdade, humilhando para nos sentirmos superiores, sendo cruéis, quando podíamos estar curtindo momentos preciosos.

A injustiça cometida, a perfídia treinada e executada, a falta de compreensão, o rancor, o não perdão, a invenção de crimes que ninguém cometeu — mas apontamos o dedo acusador, ah, como acusamos.

Nos porões fervem segredos de traição, segredos de ódio, segredos de maternidade ressequida, nem todo mundo quer ou deve ter filho. A mãe de vários filhos me revelou que não gosta das crianças, preferia cachorrinhos.

Sem remédio. Os porões da alma podem esconder esse grande enigma, o desaparecimento, o nunca mais, escondendo pessoas amadas em suas largas mangas.

— Pandora, Pandora, por que temos de morrer?

Nessas horas ela desvia os olhos, se pudesse escapava para dentro de um espelho, mas desta vez eu seguro firme:

— Me diz, me explica, me fala!!! Me consola! Ou me condena!!!

Ela resiste, ela quer ser livre, então eu a deixo ir.

Não sei se ela sabe a resposta. Nem adivinho se ela entende o que se move, sombra e apelo, naquele lugar de que pouco falamos: eu deveria criar uma Sala dos Mortos?

•

As mortes se multiplicam para quase todos como amargos, tristes frutos: amigos, amigas, parentes, velhos, jovens, pais, parceiro ou parceira de vida.

A primeira morte de que tomei notícia, morte mais tremenda, mais pungente, foi a de uma criança que avistei poucas vezes, há tanto tempo, e cujo nome nem recordo. É a primeira de que me lembro, e pela qual, sem nada presenciar, eu sofri: meus pais procuravam me proteger de todo o medo, e perigo, e mal.

Numa casa vizinha, um homem imenso, muito gordo, simpático, bonachão, e sua mulher, depois de muitos anos, tiveram um filhinho. O menino devia ter dois anos, mal caminhava naquele trotezinho dos bebês. Muito louro, o pai o chamava "meu patinho".

A criança adoeceu, ou caiu da escada da casa, não sei mais. Lembro comentários confusos. Sei que morreu, e durante toda a noite, toda a madrugada, eu ouvia de meu quarto de menina os desesperados gritos do pai chamando o filhinho morto. Gritos, berros, urros. E agarrava-se a ele, contaram depois, e o mantinha firmemente seguro em seus braços fortes, e não deixava que o levassem.

E assim foi a noite toda, até que um médico amigo lhe deu uma injeção, e ele afrouxou o abraço, cedeu, deitou-se, dormiu — e ficou para sempre órfão do seu menininho.

Foi o mais terrível lamento que até ali eu tinha escutado: e ainda hoje, se apuro o ouvido em alguma madrugada, ele continua lá, como tudo continua enquanto dele tivermos lembrança.

•

Recordo a doença e morte de um avô com quem eu tinha relativamente pouco convívio, embora morasse perto: minha ligação era a avó, bondosa, tranquila, carinhosa. No final, não deixavam que nós, crianças, víssemos o doente tão devastado. Naquele tempo tudo era segredo, crianças não participavam de muitas coisas, boas ou tristes, reservadas aos adultos. Nós, protegidos, talvez sofrêssemos duplamente — pela dor e pelo desconhecido que se agigantava.

Quando meu avô morreu, pelo mesmo motivo não fomos a velório e enterro. Mas vi muitas vezes minha avó chorando, e isso me entristecia. Os comentários que os adultos trocavam entre si eram impressionantes: "Depois de morto a língua encolheu, voltou para dentro da boca, não se notava nada." Tanto indaguei e atormentei que por fim alguém me explicou que, nas últimas semanas, a língua, inchada pelo câncer, estava permanentemente fora da boca, caindo quase até o peito, oculta por um lenço de linho imaculado que minha dedicada avó tinha sempre à mão.

Minha segunda morte foi da mãe de uma colega de escola, devíamos ter uns doze anos. Era uma mulher alta, grande, típica figura maternal, e eu frequentava muito a sua casa, pois a filha era minha melhor amiga. Naquele velório, o primeiro a que me deixaram ir com a escola, a morta estava minúscula em seu caixão: uma figurinha amarelada, ressequida, irreconhecível. Assim que a vi, pensei: por que botaram no lugar dela essa boneca de cera? Logo entendi o inaudito.

Comigo estavam várias colegas, algumas choravam, outras tinham risinhos nervosos. Eu, atordoada, assim que pude, saí para o jardim: alguém viu que eu estava mal e me levou para casa.

●

Décadas depois. Meu amigo, bem mais jovem do que eu, estava morrendo, consumido por uma doença brutal naquele tempo ainda quase sem remédio e recurso. Hospitalizado e sofrendo muito, já não recebia visitas.

Certo dia, alguém me avisou:

— Ele quer falar com você. Pede que ligue para o hospital.

A voz dele ao telefone, quando a enfermeira lhe passou o aparelho, era a de sempre, profunda, inesquecível. Não fizemos rodeios, eu não iria perguntar cretinamente como estava se sentindo, e ele quis ir — e foi — direto ao assunto:

— O que você acha que vai acontecer comigo quando eu me libertar deste corpo?

Da minha escrivaninha, em casa, olhando a chuva forte pela janela, respondi com a simplicidade que nossa amizade pedia:

— Acho que quando a gente morrer vai ser como aconteceu com pessoas que perdi sucessivamente há poucos anos: a gente vai virar pura intuição, e num deslumbramento entender tudo o que aqui não entendíamos... E por isso a gente escreve, porque não consegue entender.

Pausa. Depois ele perguntou, também como se fosse natural — acho que era natural:

— E se não for assim?

Respondi espontaneamente (não havia outra saída) naquele tipo de humor louco que às vezes inventávamos entre nós:

— Olha, meu querido, se no fim desta vida complicada formos descobrir que Deus é um velho chato com fita métrica na mão para nos julgar, nós dois vamos virar uns diabos bem doidos e fazer muita maldade neste mundo.

Eu mesma me espantei com a resposta, mas rimos juntos, ele naquele seu belo inconfundível tom de voz.

Nos despedimos rapidamente.

Foi a última vez.

Bem depois, numa viagem, encontrei na beira da calçada um velho marinheiro que fazia e vendia seu artesanato: esculturas feitas com galhos e raízes, que, segundo ele, o mar jogava na praia. Havia várias garças. Uma delas na mesma posição que esse amigo retratara em palavras ao revelar sua doença em uma página de jornal: saindo do seu mergulho, pescoço e bico em ângulo reto, hipnotizada pelo sol.

Eu a tenho comigo até hoje, metáfora ou realidade, não importa. Seu bico hirto aponta para uma luz que a ofusca: seus olhos estão fechados. Não precisa enxergar mais nada do lado de cá.

●

Sombras se esgueiram no porão, concentradas, vivas, ineludíveis. Lembranças com longas unhas cravadas, menos mansas do que reflexos em espelhos.

O avô mulherengo e bêbado, a avó vitimada pela demência que ainda não tinha nome, o tio esquisito que nunca se casou e que em segredo se vestia de mulher... Na família quase todos sabiam disso, mas ninguém comentava... A prima apaixonada pela amiga, as duas exiladas pelas famílias em internatos diferentes, mas que num encontro, nas férias, deixaram uma carta assinada pelas duas (quem afinal tinha escrito? Na culpa da hora, uns acusavam os outros) e tomaram veneno, soda cáustica, morreram abraçadas com as bocas queimadas e torcidas. Na carta, pediam: queremos ser enterradas juntas.

A menina que fugiu com o namorado da irmã mais velha, semanas depois a recuperaram, o homem a tinha largado, ela voltou para casa e nunca, nunca mais, se falou no assunto. Pouco depois, ela abortou no vaso sanitário, a empregada recolheu o projetinho de bebê, ninguém soube o que fizeram. Nunca se comentou nada, aquilo também não tinha acontecido. Anos depois, ela cortou os pulsos, mas não morreu, mandaram para o exterior, acabou brilhante intelectual numa universidade estrangeira.

(À noite, sonha com bebês, o seu bebê, esquelético, estendendo para ela mãozinhas magras.)

Segredos. Silêncios. Anjos grisalhos ameaçam com dedo nos lábios, não fale, não fale, melhor sofrer sem palavras, o jeito é sofrer. Melhor é não amar? Melhor é nunca ter filhos? Melhor é nem nascer? Cada pessoa que amamos abre uma fenda em nosso flanco: por ali entra muita alegria, e sai muita angústia.

Mas, na superfície, pelos quartos, pátios e jardim, existem a euforia, o delírio, a luz, as cores, os amores, as águas, os morros azuis, os lençóis perfumados e a paixão salvadora.

•

Pesadelo ou memória recorrente: estou num labirinto embaixo de uma das casas onde morei. Ela está diferente, mas ainda é aquela. Por todo lado, portas abertas, novas cavernas, vultos, medo.

Uma cadeira de rodas voltada para a parede, alguém diminuto, cabeça grisalha. Chego perto, viro a cadeira em minha direção: uma velhinha com rosto de gesso ou cera. Ela me encara: pelos olhos a reconheço, minha mãe, há tantos anos presa na enfermidade que a foi roubando de nós e de si mesma. Então entendo: estou no porão dos enclausurados.

•

Minha irreconhecível mãe: antes alegre, despachada, prática, bonita, crítica do que chamava meus "dramas", foi engolida por essa Nêmesis, deusa maligna, que a arrebatou de nós, porém deixando que ali continuasse, cada dia, cada hora, mais diferente, mais distante. Menos sofrida, pois no começo se culpava de estar muito esquecida, confusa... Não havia o que fazer, disseram os médicos, senão tentar mantê-la calma, confortável, acarinhada. Entrar no seu novo registro. Não tentar corrigir, nem discutir, nem chamar de volta para uma realidade que já não era a dela.

A doença se manifestou sutil: um esquecimento aqui, uma confusão ali. Uma atitude estranha aqui, outra ali, intercaladas por fases de aparente normalidade. A sociabilidade muda, os bons modos parecem esquecidos, o controle do dinheiro se torna caótico, e é dificílimo interferir. Demorei, como quase todos, a aceitar a realidade. Para mim, minha mãe sofria episódios naturais de esquecimento. Só o choque de um dia a encontrar com uma pintura bizarra no rosto, ela tão recatada, me fez entender.

Depois de breves anos, me tornei visita. Seu universo fora reduzido ao próprio mundo interior: ali comemorava quinze anos, ali era noiva ou tinha um bebê. Geralmente ostentava um sereno ar sonhador; em certas horas dialogava enfaticamente com quem só ela podia ver. Mais bem-humorada na alienação do que nos últimos anos de lucidez ameaçada, quando indagava: "O que está acontecendo comigo?"

Eventualmente parecia a elegante anfitriã que um dia fora: "Você quer um chá?", perguntava duas, cinco, dez vezes, não por insistência, mas porque ao indagar já o esquecia. Eventualmente me entregava algum pequeno objeto invisível que, para ela, devia ser muito precioso. "Cuidado!", me recomendava, estendendo a mão meio fechada como se me passasse ouro em pó. "Cuidado com isso!", e eu o recebia com as duas mãos em concha, para que ela não se afligisse: "Pode deixar, eu cuido direitinho."

Minha mãe me encarava, agradecida, sorria educadamente, mas não fazia a menor ideia de quem eu era.

•

O que sonham esses doentes na sua desmemória? Às vezes eu a pressentia, a Senhora Morte, à espreita num canto do aposento. Preguiçosa ou cruel, lixa as longas unhas roxas e cobre a cara com seus cabelos brancos de melancólica Rapunzel. Tem tempo, sabe esperar — espera demais, às vezes.

Da última vez que vi aquela minha estranha mãe quase sempre adormecida, que há muito não falava, ela entreabriu os olhos quando lhe beijei o rosto.

E disse baixinho para si mesma, para alguém — para ninguém:
— Que bom estar assim, tão leve e tão jovem.
Depois voltou a enrolar-se no xale de sua ausência.

a casa inventada

Por fim, a Senhora Morte se compadeceu, Nêmesis desistiu, abriu os braços, e a deixou ir: sem dor nem alarde, a Morte soprou a chamazinha tênue, fechando a última porta desse tão longo corredor, e levou consigo a velha dama.

As histórias de morte são também de vida, tudo entrelaçado. Sempre que falo na vida, lembro da morte, e sempre que escrevo "morte", lembrem, estou falando na vida.

•

O pior dos dramas, neste lugar de sombra: morre uma criança.

A menininha, linda, alegre, muitíssimo amada, ia morrer. Se ela sabia, não sei, se pressentia, era difícil dizer, mas nunca se deve subestimar a intuição de uma criança.

Certo dia, num período de melhora, eu a encontrei num jardim, saltando e correndo. Minha vontade era pegar no colo, abraçar, insuflar força e vida, como se eu pudesse. Parou perto de mim, me olhou.

— Você é a bruxa boa do livro? — Eu sabia que ela se divertia com aquelas histórias.

— Sim.

Ficamos nos olhando. Então, coração apertado, perguntei:

— Um dia desses você quer voar comigo na minha vassoura?

Ela deu um sorriso tímido, me encarava:

— Eu quero.

— Tá combinado, um dia desses damos um passeio.

Não cumpri minha promessa. Nunca mais a vi, nem esqueci seu olhar grave, de quem sabia que logo haveria de morrer, mesmo quando falávamos bobagens sobre bruxas e passeios numa vassoura voadora.

•

Os anjos da morte estão cansados de nos recolher, a nós que nos matamos ou somos assassinados nas estradas, nas cidades ou esquinas deste país. Os anjos da morte estão exaustos de pegar restos de vidas botadas fora. Os anjos da morte andam fartos de corpos mutilados e almas atônitas. Os anjos da morte suspiram por todo esse desperdício. Os anjos da morte silenciam diante do que vou contar.

O mais delicado, pesado, enigmático assunto: morreram e vão continuar morrendo pela própria mão pessoas que amamos. Mas nós, se deram algum sinal do que fariam, desviamos o olhar, mudamos de assunto, entendemos mal, tivemos medo de nos intrometer, construímos em cima desse engano, não vimos que alguém queria se matar — e não era anúncio vazio para chamar atenção. Fomos egoístas e fúteis, ou rudes, "cão que ladra não morde".

O pulso foi cortado, o coração varado, a dose fatal consumida.

"Mas somos mesmo responsáveis uns pelos outros?", indagaria uma Pandora em crise de cinismo. Nessas horas eu não a reconheço.

•

O adolescente se matou na garagem de casa. Seus colegas e amigos, todos da mesma idade, ficaram assombrados, culpados: por que não notamos? Quem sabe aquela vez ele quis pedir ajuda e a gente só queria jogar bola ou falar bobagem?

Os desesperados pais, e todos, todos queriam alguma explicação, talvez uma desculpa, por que não percebi, por que não fiz nada? Provavelmente não havia o que fazer, embora a gente se iluda, nosso amor não é mais forte do que o chamado da sombra.

Algumas pessoas nascem mal equipadas para a vida. Sua pele é tão delicada, tão insuficiente, que qualquer brisa parece o bafejar da morte. Ninguém soube, ninguém percebeu, em milhares de casos assim por este mundo pouco sensível, pouco terno.

Talvez apenas queiram que pare de doer; quem sabe só desejam descanso, e que esta vida aqui os deixe em paz.

(Não varremos os segredos tristes para debaixo do tapete: eles mesmos se refugiam nos porões. Melhor não procurar demais.)

•

— Nossa! — reclama Pandora. — Que pensamentos medonhos. Sai desse lugar deprimente! Deixa de se lamentar! Para de curtir todas as dores do mundo! Você às vezes capricha, revolvendo problemas e dramas. Vai ver, sua mãe tem razão quando diz que você inventa tudo isso "para se fazer de interessante".

— Sim, sim, sim, sim — eu digo e estendo a mão. — Vamos para o sol.

6 | *O pátio cotidiano*

*Os deuses estavam de mau humor
quando inventaram
não os oceanos e as sereias,
as árvores com mil vozes,
as manadas, as revoadas
— mas as pessoas e suas almas anêmicas.
Elas querem a bolsa de grife,
o iPod, o iPad, o iPhone,
o melhor aparelho na academia.
(Querem qualquer novidade
que lhes dê arrepios.)*

*Pensar é arriscado:
e se nesse mar de tantos rumores
o pensamento pescar, no fundo,
um segredo fatal?
(Vamos brincar de ser inocentes
e fazer castelos de areia.)*

Saímos, Pandora e eu, dos porões da agonia, onde a depressão se instala e a morte passeia. Vamos as duas, vou eu, em busca do mais cotidiano, o que se diz totalmente sem graça, fluido, fútil. Isso existe?

Mas aqui, no sol que bate de chapa, quase sem árvores ou alívio, sinto que não terei companhia: minha irmã se retorce um pouco, o ar lhe falta, ela é de brilhos entre penumbras. "Sim, ela dizia, isto é ser imortal. Os humanos, todos uns pobres-diabos. Gostam de sofrer."

E dizia isso com certa graça que me fazia rir. Não havia rancor nem raiva em Pandora, o meu *eu* melhor. Pelo menos, é mais livre, o que nos torna mais felizes. Ou eu prefiro pensar assim.

— Aqui — eu digo, eu minto —, não tem sombra nem depressão, aqui são as coisas do dia a dia, banais, você vai ver. Te faço ler manchetes de jornal, a vida diária.

Ela me segue meio relutante. Eu de novo, sem saber, tinha embarcado na minha imaginação.

Aqui — sobre as lajes quentes, com poucos vasos, mirradas plantas, algumas cadeiras de jardim para conversar ou refletir, jornais sobre a mesinha entre elas —, aqui não imperam poesia ou devaneio, mas as diárias coisas. A imaginação se encolhe e some. Isso é banal.

(Esqueço que nada é banal: a gente é que esquece. Não é bonito nem bom estar aqui. Mas eu preciso, eu quero, por um instante eu fico, pois este é também o meu território.)

Pandora, cúmplice de tantas horas, se recusa a cumprir comigo esta parte da invasão, ou invenção, da minha casa.

— Cotidiano? Pátio meio deserto? Não é pra mim. Não me interessa. Vou sumir.

— Mas, Pandora, as coisas do dia a dia têm importância. A vida também é isso, o real, o concreto. Fica comigo.

— Não quero nem saber. — Ela está inquieta.

Apesar disso, ela fica comigo, meio hesitante. Pandora nunca hesitava.

●

Nas lajes deste pátio passeiam as frases e as imagens mais impessoais, mais corriqueiras, sem graça. Aqui e ali, violência. Alguma vez, cinismo, maldade. Raramente, vida que floresce. Aqui se pensa e se tenta resolver o dia a dia: os tijolos que precisam ser os mais fortes, arquitetos e pedreiros providos de lucidez.

Pandora dá de ombros:

— Lucidez? Só você mesma acredita nisso. Realidade? Você mesma disse ou escreveu certa vez: "A realidade não existe, existe o que cada um enxerga dela."

Talvez ela tenha razão e a gente devesse viver em outro reino, outro registro, uma Pasárgada, por exemplo.

— Pandora, vamos morar em Pasárgada?

Isso ela não sabe o que é, finge desprezo, minha vez de me divertir um pouco.

●

Às vezes bate essa vontade de arrumar as malas e me mandar pra Pasárgada — o reino inventado por Manuel, o Bandeira.

Queria escapar desta terra das frases infelizes e atitudes grotescas, dos reis feios e nus, das explicações cabotinas, da euforia apoteótica de um lado, e da realidade tão diferente de outro. Morte, doença, solidão.

Pasárgada podia ser um bom lugar, onde se acredita em muitas coisas. Onde existe o bem, seja lá o que isso significa. Onde a vida é colo de mãe boa. Onde... enfim, a lista é longa e tão fora de esquadro que me dá vontade de fugir. De rir?

Na minha nova vida eu tentaria não escrever mais sobre o que nesta aqui tem me angustiado, ou ameaça transformar-se num tristíssimo tédio: sempre os mesmos assuntos? Mandaria só frases sobre o que faz a vida valer a pena: as coisas humanas, vida e amores, e o mistério de tudo — até dor (mas que seja uma dor decente).

Eu ia partir sem endereço, sem telefone, sem e-mail. Levaria comigo pássaros, crianças, e esta paisagem diante da minha janela (com nevoeiro fica de uma beleza pungente). Levaria família, amigos, livros, música e o homem amado. Ah, e as minhas velhas crenças de que não somos totalmente omissos ou sem caráter; portanto, de que o ser humano tem jeito.

Achei que em Pasárgada eu correria menos risco de me tornar descrente: eu, que detesto o ceticismo, não vivo bem com os pessimistas, agora tenho medo de me contagiar. Podia me livrar da suspeita de que nós humanos somos um rebanho alienado e rude.

Na última hora, decido ficar. Acho que me sentiria como quem deserta um grupo com o qual tem laços muito fortes. Todos são importantes para mim. Com eles tem sido imensamente estimulante partilhar alegrias e preocupações, descobertas ou receios. Meus medos de construir esta casa da minha vida, onde os espelhos guardam memórias além das minhas, nós que não somos nem bons nem maus, quem sabe tristes.

Pandora leu estes parágrafos por cima do meu ombro, sorriu:
— Você não tem jeito — ela diz mais uma vez. — Vai buscar o irreal, vai construir seus castelos, cavar seus porões, vai ser infeliz, vai...

•

Mas, quando me dou conta, ela não desapareceu como estava ameaçando. Está sentada na outra cadeira, estende a mão pálida, pega alguns jornais, folheia sem interesse. Depois ergue aqueles olhos incrivelmente claros:
— Isso você acha melhor do que suas elucubrações tristonhas? Olha aqui!
Vai lendo em tom sarcástico, articula palavras com exagero:
— "Ouviam-se tiroteios e gritos, choro agudo de mães órfãs de filhos tão jovens. Assaltantes roubaram tudo de uma velhinha, depois a estupraram. Por fim, tiro na barriga. Roubaram um carro e não deixaram a mãe tirar o bebê da cadeirinha. A criança foi encontrada morta por calor e sufocação horas depois no carro abandonado!" Isso você chama de banalidades cotidianas?
Levanta-se com aquele seu jeito de pluma, vai se retirar, impaciente, vai desaparecer.
— Que absurdo!
— A vida não é absurda, Pandora?
Ela não responde mais.

•

Sob esse sol, estirada na cadeira e começando a cochilar, penso que também tenho meu lado negro — ele jaz quieto em algum canto de todos nós. Aqui e ali resmunga, se agita um pouco. Uma poeirinha, uma folha leve, um vento-quase-nada mexem com ele.

Mas nas águas mais escuras ele ferve e espreita: o mal. A destruição do outro ou de si mesmo. A força negativa, o animal predador. O ódio. Também serei capaz de tudo isso, eu que me acho uma pessoa razoavelmente decente?

Sempre me impressionou essa capacidade do mal. Quando criança, sem saber direito, eu conseguia ser má. Esticar as minhocas e rebentá-las em duas para enfiar no meu anzol de alfinete quando tinha seis anos e pescava com meu pai no laguinho nos fundos da casa me dava essa sensação: então agora é permitida essa maldade? Depois cortar a cabeça do peixe, o olho dele me fitando tão humano. A gente às vezes tinha licença para ser cruel?

Hoje não pesco nem com anzol de alfinete, mas a violência é muito mais dramática ao meu redor. No mundo, na cidade, no interior. Em cada rua minha.

Apesar da quietude, neste pátio simples, lugar de desatenção e desamores, entendo que Pandora não queira saber desse falso pacato cotidiano.

•

Tiro as sandálias e boto os pés nus no chão quente: são lajes, antigas, simples, como havia no pátio da nossa casa. E me vem à memória minha sensação de alívio, quando, ainda menina, talvez dez anos, eu me achava louca. Comentários da família sobre minhas esquisitices, ler demais e falar sozinha, minhas dúvidas sobre Pandora ser real ou alucinação, eu imaginava às vezes, quem sabe estou mesmo louca?

Muito me impressionavam os doidos parados atrás da cerca de um hospício um pouco fora da cidade, por onde passávamos de carro: todos com um traje que parecia um pijama, olhos ausentes, bocas entreabertas, a gente morria de medo deles.

Eu não queria ficar assim.

Então andava descalça nas lajes, e pensava: "São lajes. Estão quentes. Eu sei que são lajes, e sei que estão quentes. Então ainda consigo raciocinar, e ainda não fiquei louca."

Aquilo me dava um momentâneo alívio. Mas não resolvia a questão de Pandora: delírio ou fantasia ou realidade que só eu percebia, como fazem os doidos?

•

Cansei da hipocrisia de existir um pátio cotidiano e pacífico. Atrás das aparências, algo sopra nos nossos calcanhares. "Olha, estou aqui e não vou te deixar. Eu sou, no meio das trivialidades todas, a dor que não cessa, a dor de cada um. Cada um tem a sua dor."

— Sim.

— Venha, Pandora, volte, agora que a construção está quase no fim, vamos inventar alguma coisa muito especial: a chave de ouro?

Seu riso e o cheiro de capim perfumado chegam antes que ela mesma apareça. Respiro fundo. Quase terminada, esta minha casa.

7 | *O jardim dos deuses*

A vida deve ter varandas para sonhar,
cantos para chorar, quartos para os segredos,
mais a ambivalência, onde se respira,
— e a portinha do porão, com sua velha chave.

A vida precisa espaço de voar,
liberdade de partir ou de ficar, alegria
e algum desassossego contra o tédio.

Não se esqueçam os danos a cobrir,
o medo de perder ou de partir,
o dom de surpreender,
— e um jardim de milagres para os deuses.

Certa vez, digitei "peras" em lugar de "perdas". Quando fui corrigir, achei mais interessante assim. Pois vendo aquelas frutas fora de contexto, perdidas no meio de um campo ermo, as pessoas pensariam: o que foi que ela quis dizer? Por mais que me irrite, todo mundo quer entender o que deveria ser apenas sentido e reinventado.

Aqui, quando escrevi o jardim dos "adeuses", me saiu "deuses". Por que não? Não serão eles, enfim, a manejar os cordões em que nós, pobres humanos, estamos presos, em nossas aventuras e desventuras, correndo pelos cantos da construção de uma vida que sempre parece inacabada — e por mais difícil que seja pedimos mais um tempo, um ano, um mês, uma hora, um suspiro?

O trabalho de viver só termina quando a noite chega feito uma pálpebra baixada tranquilamente: e aí, sonho, delírio, transfiguração — ou a quietude de sempre e sempre. Alguns dias, ao acordar, vemos tudo fora do esquadro: o teto, a porta, a cama, minha alma ou essas coisas a que a gente chama assim: torta, pendurada de cabeça para baixo, ela parece um morcego (cego).

Fora do esquadro, esta casa tem alguma parede abaulada, telhado nem sempre no ângulo devido, jardim com caminho de pedregulhos que fazem tropeçar, mas delicadas dálias e rosas, e uma escadinha encostada a um muro que não separa nada de nada dá vontade de andar, de voar.

Três árvores altas e esguias parecem tiradas de uma pintura antiga.

É quando entramos no jardim dos deuses. Onde reina a Dona dos Adeuses, a Senhora Morte: muito escrevi sobre ela, muito por ela chorei, quando me esmagou com os saltos cruéis de seus sapatos alados e seus ossos ferozes.

•

Enquanto Pandora e eu, muito caladas, damos os primeiros passos no jardim entre os estreitos canteiros lembrando os da casa de uma de minhas avós — caprichados e todos beirados por moranguinhos que às vezes, quando me portava bem, eu podia colher —, lembro de novo da morte: ela está no final de todas as nossas fantasias, reinando no escuro onde cessaram os pensamentos e só se escuta um barulho de mar, ondas como um coral de anjos recitando ininteligíveis frases de um texto sem muito sentido.

A minha irmã do espelho aprova:

— Até que enfim parou de pensar essas coisas tão chatas que você chama cotidianas! Eu já estava preferindo a sua depressão.

— Mas a dor, o amor, a morte, como a esperança e o desejo, são cotidianos demais, querida. E agora estamos no jardim! Vem comigo!

É um jardim?

Um jardim meio impossível, pequeno demais, parece pequeno demais para árvores e todo o resto. Ainda por cima tem no centro um laguinho e no meio dele uma ilha: eu a chamarei *isola bella*, e não preciso explicar.

Cada um que invente a sua ilha pessoal. E o seu jardim de milagres.

●

O jardim, como tudo na casa, vai-se desdobrando à medida que ando por ele, mexo aqui, crio ali, destruo mais adiante, e depois reinvento. Assim a vida se estende, se desdobra, encolhe e recolhe e expande, até o definitivo adeus.

Como pode haver um laguinho, uma ilhota, num jardim que chamei diminuto? Mas estamos no reino da fantasia: liberdade com asas abertas. E uma historinha:

Nas águas, vivia um peixe que se apaixonou, não por uma estrela, mas por uma gaivota que casualmente passava e pousou na ilhota.

Ela também se apaixonou.

Havia duas soluções: ou ela criava escamas e nadadeiras e ia morar com ele, ou ele virava peixe voador, e seguia com ela pelos ares.

Nada aconteceu.

Então ela fez um poema que arrastou pelos céus em suas asas fatigadas até que as palavras, e os sentimentos, se perderam como nuvens esfarrapadas, e se desfizeram no ar.

Restaram algumas linhas: "Quero levar-te àquela ilha onde serás amado, onde serás aceito do jeito que és. Onde podes tirar as máscaras e deixar esplender teu rosto. Onde minha ternura não se espantará com teu grão de loucura; onde minha paixão não diminuirá com tua parcela de medos; onde podes ser o que és, naturalmente, e mesmo assim farei de ti um rei."

Tudo mentira. Ninguém foi rei, nem rainha. Como tantos momentos felizes, tudo se desmanchou, um pouco de dor, um pouco de frustração, e o vento da banalidade sopra e vira uma página sem graça, mas abençoada, necessária. Milhares, milhões de historinhas assim, não tristes a ponto de serem jogadas em algum porão, nem brilhantes o bastante para virarem estrela.

●

Por fim, cansei desse trabalho, dessa andança. Dessas invenções para continuar viva. A vida funciona em círculos, então é antes a construção de um labirinto?

Mas estou perto, nem eu sei de quê. Apenas sinto que alguma coisa, ali entre aquelas três árvores, me espera.

Pandora se afastou, passou por mim, foi à minha frente até aquele recanto. Pela primeira vez em nossa longa amizade, eu a sinto confusa. Ou por uma primeira vez, que eu saiba, ela sente que não é imortal?

Chega junto da escada: quando levanta os olhos, e eu levanto os meus, lá em cima, onde os últimos degraus se perdem no nevoeiro, está aquele pássaro esquisito, que, entortando a cabeça como fazem os pássaros, nos contempla, afiando seu bico contra a madeira.

— A gente não sabia de nada... — Pandora murmura.

●

Jardim dos adeuses, jardim das perdas? Perdemos até o que nem chegamos a ter — mas nos dói. Pode ser a perda dos sonhos; de um amor; da saúde; ou da juventude, que me parece uma dor muito fútil, mas que a algumas pessoas maltrata como uma enfermidade impiedosa.

Também damos adeus a pessoas — as que nos deixam sem explicação, as que se desprendem de nós porque o afeto ficou ralo demais, e sem alarde passam para um limbo de onde às vezes emergem, como de um nevoeiro, e dói um pouquinho, e pensamos: "Mas o que será que aconteceu?"

Damos adeus de verdade aos amados que enveredam pelo silêncio que chamamos morte, de onde não vão retornar. Vez ou outra nos mandam recados: o som de uns passos que parecem os deles no corredor, aquela voz, o jeito de outra pessoa de falar, de virar o rosto, de estender a mão, de nos olhar.

Com o tempo, tantos adeuses fazem da alma uma espécie de renda — não necessariamente feia, mas melancólica. Podemos celebrar com espumante ou lágrimas, ou risos bons, o movimento dessa engrenagem de que somos parte, e que, apesar dos adeuses, se chama — mais do que morte — vida.

•

Pandora continua parada sobre folhas caídas que lampejam avermelhadas, pedras de caminho onde se tropeça, terra úmida que reclama o que é seu.

Parece olhar sem ver aquela escada, estreita, tinta descascada, manchas de cimento, memória de incansáveis ou fatigados passos de quem subiu.

(Descer, não se fala.)

O coração me pesa tanto que meu peito se aperta, abro a boca para respirar melhor. A velha dor há tanto tempo cravada nele: quando menininha, ouvi o pai comentar casualmente que o coração dele podia parar a qualquer momento.

— Pode mesmo, pai?
Ele respondeu inocente, sem imaginar o drama instaurado:
— Pode, sim. Ninguém vive para semente...
E riu, achando graça de mim, olhos arregalados, boca aberta para respirar melhor.

Cresci, vivi, perdi o pai: quando o vi no caixão, soube que há décadas esperava por isso, sem me dar clara conta. A gente finge que esquece um pouco o que é insuportável.

Quando pequena, muitas e muitas vezes insone, eu saía da cama, ia cautelosamente até a porta do quarto dos pais e me ajoelhava no assoalho encostando o ouvido na porta. Se ele ressonava, respirava, roncava, estava vivo ainda.

Eu podia dormir.

Mas pelo resto da vida o secreto terror da perda cravou as garras no meu ombro e agora me aguarda no último degrau visível.

•

Pandora — que sempre sabe o que eu penso — se vira, me olha, e toca num assunto que não lhe permito, mas ela não se importa:

— Você e suas tantas mortes... E há duas nas quais você quase não fala.

Faço de conta que não escuto, finjo examinar atentamente as árvores, as copas. A escadinha: será que suporta meu peso, e o de toda essa minha vida?

Ela insiste:

— O que morreu nos seus braços dizendo seu nome, e o que definhou a seu lado anos a fio e nunca mais conseguiu pronunciar seu nome.

Então eu falo:

— Há coisas para as quais não existem palavras. Mas, hoje, acordo à noite e junto de mim alguém bom e firme respira tranquilamente. A vida me acolheu de novo.

Agora ela finge não escutar.

•

Não eram três árvores, mas um pequeno bosque que eu nem tinha notado. Tudo parece mágico ali. A escada apoiada num resto de muro arruinado é frágil, sim. Que ruínas serão essas, que casa, que existências, que pessoas com seus sonhos de imortalidade?

Uma de nós duas vai subir os degraus e entregar-se às névoas atrás das quais se percebe um sol. A outra vai continuar neste pátio feio, nesta casa, nessas salas, nesses corredores, nesses vidros que tudo refletem e retêm.

Num impulso, passo por Pandora, levanto a perna e boto o pé no primeiro degrau. Seguro firme: essa escada vai desabar? E se eu cair lá de cima?

Mas vou sem dramas. Meu tempo se cumpriu, fiz o que sabia, amei como pude, a casa foi erguida com sonho e sangue e carne e almas. Às vezes trabalhei com as tripas de fora, outras como uma criança feliz. Não pude fazer melhor que isso. Não existe milagre.

Pandora não tenta me impedir. Parece muito distraída.

O reino da Bela Dona me espera. Eu, nós duas, ela? Quando menos se deseja ou quando mais se precisa, ou ainda nem de longe se imaginava, num gesto nos arrebata para dentro de suas mangas amplas: e desaparecemos — até de nós mesmos.

a casa inventada

É possível que minhas palavras ao meu amigo, que morreu dias depois do telefonema, tenham sido proféticas: tudo será deslumbramento.

Ou, como às vezes imagino, será como uma grande pálpebra que docemente se fecha: sonho ou nada.

●

Mas, antes disso, agora, agora, será que ainda tenho tempo? Esse tempo que certa vez escrevi não existe? Tempo de desistir, tempo de viver, tempo de tecer mais um pouco do pano desta vida de que afinal eu tanto gosto, por mais que me lamente, por mais que faça poemas, por mais que curta alguma melancolia?

— Sempre há tempo — diz Pandora, claro que ela fala assim. — Tempo para parar de se encolher, se desenrolar dessa concha e sair para a vida!

De repente, naquele seu jeito imprevisível, ela cantarola, sem olhar para mim, sem olhar para nada, totalmente absorta:

O tempo não existe:
eu decreto assim.
Esses vultos esquivos
são rostos, são nomes,
são as horas felizes
(são o que foi embora?).
O tempo não existe:
tudo continua aqui,
como uma árvore
carregada de máscaras, palavras,
promessas, bocas ferozes.

O tempo não existe:
tudo se resume ao instante.
O tempo é um rio que corre
mas não passa:
é sempre agora.

Esse poema é meu. E não é triste.
— Você acha triste, Pandora?
— Acho libertador.
Por que eu, por que agora, se a vida mais uma vez me acolheu, por que decido isso? Recolho o passo, volto, finco os dois pés de novo nesta terra. Não quero escada, degraus, pássaro esquisito. Pandora ou eu?
Ela responde como se tivesse escutado meu pensamento:
— Eu não posso morrer. Eu não sou uma pessoa. Sou o seu reflexo, não sou? Como é que você mesma diz? Que eu não existo: eu cintilo.
Pode ser que ela fique em todas as casas inventadas desta vida: moradora eterna de si mesma, junto com o reflexo de todos os que ali se espelham sem de longe imaginar que nunca mais sairão, porque a memória retém a vida. E quando as luzes se apagarem, e as salas ficarem vazias, ela e todos os outros começarão a se mover: sutilmente, preguiçosamente, abrindo olhos um pouco espantados e ainda sonolentos... Aproximando-se uns dos outros, misturando-se, amando-se, murmurando como folhas ou chuva: "Nada de verdade termina."
Eu, aqui, eu pessoa, eu mulher, que não sou Pandora, não quero me afogar em um pedaço de vidro espelhado, nesta casa que fiz — e, quando as luzes se apagarem, meus olhos não vão se abrir sonolentos, meus braços não vão se mover languida-

mente. Se ouvirem conchinhas que se entrechocam no jardim dos adeuses, não será o meu riso.

Não quero brincar de morrer, como em criança fazia, me deitava na cama, no assoalho, tentando ficar assim por um pouco de tempo que fosse: não conseguia muita coisa. Achava morrer muito ameaçador, e se nunca mais eu conseguir acordar desse sono maluco? Melhor pegar um dos meus amados livros, e entrar naquelas histórias.

Se eu morrer, Pandora vai desaparecer? Ou vai continuar como meu reflexo, com todas aquelas suas sombras no espelho? Não sei se sobreviveríamos separadas. Eu existo nisto que penso ser realidade, ela bruxuleia quando as luzes se apagam: e assim resistimos, as duas.

Não quero ser uma criatura dessas que se movem quando tudo dorme. Não quero essa imaginação que ameaça se tornar realidade. Quero meu sangue nas veias, os dentes na boca, o riso, o grito, o olhar, o abraço, as pessoas que importam mais do que os seus reflexos. Quero a juventude que me rodeia, as crianças que me fazem rir, a amizade que me faz florescer sempre de novo, e o amor.

Pois na Caixa de Pandora sobrou o que chamaram "a pálida esperança".

•

— O que você vê quando olha pra mim? — perguntei a alguém. Depois de pensar um pouco, ele respondeu:

— Vejo calor e vida.

Então eu quero ainda ser isso. Não quero ser uma Penélope cujos dias se resumem a tecer a própria mortalha.

Não quero terminar neste jardim de adeuses, nem subir escadinha fatal nem ter o fio cortado. Não sou Pandora, nem o rosto dela que bruxuleia no espelho é de verdade o meu. Eu a inventei para não me sentir sozinha? Para ser imortal? Espelhos não serão mais tão importantes, mas a vida em si, a carne, a pele, a voz firme, o mar, o amanhecer vermelho, até mesmo um pedaço de solidão e lágrimas, isso eu quero ser, e por que não?

(E assim acho que traí Pandora.)

•

Livro encerrado, mesmo que eu não compreenda direito nada do que se desenrolou nestas páginas. Jornada de um dia? Trabalho de uma vida? Uma longa ilusão? Não há de fazer muita diferença.

Porque vida e morte, e o claro e o escuro, e a realidade e a imaginação se entrelaçam, se fundem, se ocultam e se desvendam.

Porque o grão de loucura ilumina a noite e fertiliza a terra.

Porque somos melhores do que nos fazem crer que somos.

Porque para nós, amadores, indagar é melhor do que entender.

Porque o consolo está em que nada faz muito sentido.

Porque, se uma parte de viver são escolhas, a outra parte é milagre dos deuses.

Este livro foi composto na tipologia Minion
Pro Regular, em corpo 11,5/15, e impresso
em papel off-white no Sistema Cameron da
Divisão Gráfica da Distribuidora Record.